KB124609

유럽에서 마주한 뒤섞인 문명

스페인 안달루시아 & 터키 이스탄불 탐방

김종천·김태균 지음

어문학사

머리말

　나는 오랜 세월을 유럽에서 살았으면서도 스페인과 터키는 가 본 적이 없었다. 더 솔직히 말하자면 가고 싶다는 생각이 별로 들지 않은 나라였다. 스페인산 오렌지와 터키산 참외를 즐겨 먹으면서도 그 나라들에 관심이 없었던 것은 기이한 일이었다. 나는 근래 들어서 그 연유를 깨닫게 되었는데 그것을 솔직히 말하자니 내 자신의 무지가 들통 날까봐 두려웠다. 과거에 독일에서 살던 시절에 스페인과 터키 여행을 생각조차도 하지 않았던 이유는 내가 살던 곳에서 멀 뿐만 아니라 시설이 낙후하고 청결하지 못할 것이라는 추측 때문이었다. 가난한 나라는 시설이 형편없고 지저분하다는 편견이 강했던 것 같다. 물론 당시에는 스페인이 한국보다 잘사는 나라였지만 독일에서 살기 시작한 후로는 깨끗하고 좋은 시설에 익숙해 있어서 그보다 못한 나라에는 가고 싶지가 않았던 것이었다. 이와 함께 그 시절 내 머릿속에 스페인과 터키에 대한 지식이 빈약했던 것도 숨길 수 없는 사실이었다. 당시에 내가 알고 있었던 스페인의 역사는 고작해야 20세기에 발생한 스페인 내란이나 프랑코 독재정권 정도였고,

중세 시대라고 해봐야 겨우 할리우드 영화 〈엘시드〉를 통해 알게 된 무슬림과 기독교도의 전쟁 정도였으니까. 터키에 관한 나의 지식 역시 피상적인 수준에 불과하였다. 유럽과 아시아의 경계 부근에 있는 비잔틴 제국의 수도 콘스탄티노플이 오스만 제국에 정복되어 이스탄불로 이름이 바뀌었고, 터키공화국의 초대 대통령이 '무스타파 케말'이라는 정도였다. 그래서 당시에 이 두 나라는 내 관심밖에 있었으니 '무식이 죄'였음을 고백하면서 두 나라의 국민들에게 사과 성명이라도 내고 싶을 뿐이다.

훗날 내가 동서양의 문명에 관심을 가지면서 역사책으로 소일하는 사이에 우연히 알게 되어 점차 빠져든 분야 중의 하나가 이슬람과 기독교라는 두 거대한 문명의 만남이었다. 지금도 지구상의 대표적인 문명권을 형성하고 있는 두 종교의 만남은 즐거운 데이트가 아니라 유혈이 낭자했던 투쟁으로 시작하여 마침내 유럽의 대지 위에서 아름다운 결혼으로 골인한 '해피 앤드'였다.

오래전부터 이슬람교의 폭력적 성향에 관한 이야기가 서구 기독교 사회에서 널리 알려졌다. 근대 스위스의 역사학자 부르크하르트는 이슬람교는 본시 폭력적이라고 하면서 정복을 유일한 포교수단으로 삼는 종교라고 하였다. 이른바 '한 손에는 칼, 한 손에는 코란'이라는 말이 그런 뜻을 품고 있다. 그러나 코란에는 이와 동일한 구절이 나오지는 않는다. "종교를 강요하지 말라"라는 구절이 코란에 나오는 것을 보면 무슬림의 정복을 통한 포교가 그들의 교리에 뿌리를 두고 있지는 않은 듯하다. 사실 무슬림의 정복은 약탈, 비옥한 토지의 획득, 징세 등과 같은 다른 목적을 위해 수행되었고 포교는 그 결과물이었다.

한편 기독교 측의 폭력성도 결코 뒤지지 않았다. 성경에 "네 이웃을 네 자신과 같이 사랑하라"라는 구절이 나오기는 하지만 실제로 중세 유럽 기독교 사회에서 가장 인기 있던 이야기는 무슬림을 많이 죽인 기사들의 무용담이었다. 11세기에 출현한 완전 구라 서사시 '롤랑의 노래'부터 십자군 전쟁에 참가하여 무슬림을 많이 죽인 기사들의 허풍 어린 무용담 등이 여기에 속한다.

이슬람교가 처음 출현했던 7세기 초반 이후로 무슬림과 기독교도 사이에서는 실제로 어떤 일이 벌어졌을까? 역사학자 토인비가 언급했듯이 무슬림의 침략은 유럽 기독교 사회를 위기에 빠트린 최고의 재난 중 하나였다. 대표적인 사건으로서 이베리아반도가 8세기 초반에 무슬림에게 정복되었다. 나아가서 무슬림은 피레네산맥을 넘어 지금의 프랑스로 쳐들어오기도 했다. 여차 했으면 유럽의 성당에서 '알라는 위대하다'라는 소리가 울려 퍼질 뻔했다. 그리고 동쪽에서는 오랫동안 유럽 기독교 사회의 방어벽 역할을 했던 비잔틴 제국이 무슬림의 공격을 받고 여러 번 비틀거렸다가 결국 1453년에 무슬림 오스만 제국에게 정복되었다.

한편 중세 시대에 발생했던 무슬림의 유럽 침공이 반드시 불행한 사건만은 아니었다. 아니 어찌 보면 문명사적으로는 축복이기도 했다.

"8세기 초에 아랍인들은 권력, 종교, 문화, 재화의 놀라
운 혁명을 이루었고, 그것을 암흑시대의 유럽에 가져
왔다."[1]

유럽이 중세 시대에 무슬림에게 완전히 정복되었다면
서구 문명은 300년 앞당겨 발전했으리라는 주장도 있다.

한편 이슬람과 기독교가 만난 유럽의 대지 위에서는 두
문명이 융합되어서 다른 곳에서는 볼 수 없는 매력적인 문명
이 출현하였다. 대표적인 곳이 스페인의 안달루시아와 터키
의 이스탄불이다. 지중해 연안인 두 지역에서 출현하고 발전
한 문명은 다양성과 조화의 토양에서 익어가는 과일처럼 깊
은 맛과 향기를 간직하고 있다. 우리가 안달루시아와 이스탄
불에서 마주했던 다양한 유적과 유물 그리고 풍속은 지구상
의 다른 곳에서는 보기 힘든 매혹적인 세상을 보여주었다.
메스키타, 알카사르, 알람브라 그리고 하기아 소피아 성당
등은 문명의 융합으로 이루어진 인류역사의 최고 유산이다.
이 세상에는 '문명의 충돌'이라는 말이 있기는 하지만 우리
가 직접 체험한 이곳의 문명은 갈등을 극복하고 화해와 융합
의 길을 갔다.

아름다운 자연 경관과 어울린 독특한 문명 속에 녹아
있는 신비한 정취로 인하여 우리들이 이곳에서 보냈던 시간
들은 영원히 잊지 못할 아름다운 추억이 되었다. 그리고 좋
지 않은 날씨를 무릅쓰고 스페인에서 시작하여 터키까지 이
어진 우리들의 문명 탐방이 고단한 여정이었지만, 우리의 값

진 체험을 엮어서 이렇게 한 권의 책으로 출간하여 많은 독자들과 나누게 되어 기쁘기 그지없다. 고진감래란 이럴 때 쓰는 말인 듯하다.

사람들은 해외 문명지를 여행하면서 깊은 감동을 느끼지 못하는 경우가 많다. 그들에게는 잠시나마 일상생활을 떠나서 즐기고 싶은 마음이 강한 반면에 그곳의 문명을 알고 싶은 욕구는 약하기 때문이다. 그들에게 역사는 책으로 공부하면 되는 것이고, 여행은 잠시 즐기고 쉬었다 가는 일정이라고 생각되는 듯하다. 그러나 해외여행의 진정한 묘미는 외국의 문명을 체험하고 맛보는 것이 아닐까. 물론 공부를 해야 하고 많이 걸어야 하는 수고로움이 동반되기는 하겠지만. 어쨌든 해외여행의 참맛은 이국적인 문명을 감상하는 데 있다는 주장에 공감하는 독자들에게 이 책이 작은 보탬이 된다면 우리에게는 더없는 보람이 될 것이다.

◆ 목차 ◆

머리말 003

제1부 스페인 안달루시아

제2부 터키 이스탄불

━━━━━━━ 제1부 ━━━━━━━

스페인
안달루시아

1 | 태양과 다양성의 땅

　　이베리아반도의 최남단에서 지중해와 접하고 있는 안달루시아는 고온 건조한 기후로 인해 흔히 태양의 땅이라고 불린다.

　　곳곳에서 흰색을 띄고 있는 흙과 바위가 푸른 하늘, 작열하는 태양과 함께 환상적인 조화를 이루고 있다. 또한 햇볕을 반사시켜서 더위를 막으려고 건물에 흰색을 칠한 바람에 가파른 언덕 위에 세워진 흰색 일색의 마을은 이곳의 장관이 되었다. 어쨌든 작열하는 태양 덕분에 이곳의 귤, 오렌지, 올리브, 포도는 크고 단맛이 강하여 명성을 누리고 있다. 들판이니 도시니 할 것 없이 널린 것이 과일나무이다 보니 에덴동산이 여기를 말하는 것인가 하는 생각이 들기도 한다.

안달루시아는 뜨거운 태양만큼 정열이 넘치는 곳이다. 스페인 하면 떠오르는 투우와 플라멩코가 바로 이곳에서 발생했다. 인간의 몸짓으로 표현할 수 있는 정열의 극치가 바로 플라멩코이고 보면 그것이 안달루시아에서 탄생한 사연을 알 수 있을 듯하다.

태양과 정열은 예술적 감흥을 자극하기도 한다. 이곳에서 수많은 예술가들이 배출됐을 뿐만 아니라 정열적인 예술가들이 작품 활동을 하였다. 화가 피카소의 고향이 바로 이곳이다. 또한 작가 헤밍웨이가 이 지방을 배경으로 소설 《누구를 위하여 좋은 울리나》를 집필했다. 미국인 헤밍웨이가 스페인 내전에 참전했고, 투우를 사랑했으며 이곳에 머물렀던 사연은 두말할 필요도 없이 그가 너무도 정열적인 인간이었기 때문이다.

◆
헤밍웨이가
머물렀던 론다

◆
세네카 동상,
코르도바

또한 안달루시아는 여러 문명이 출현하고 꽃을 피웠기에 다양성의 땅이라고도 한다. 이곳은 유럽에서 가장 오래되고 복잡한 역사를 가진 지역이다. 오랜 옛날에 이베로족과 켈트족이 경작지를 찾아서 이곳에 정착했고 또한 해양 종족인 그리스인과 페니키아인이 상업적인 목적으로 지중해를 건너와서 해안에 거점을 만들었다. 이로 인해 안달루시아에서는 농경민과 해양 종족이 만나서 교역과 문명의 교류가 이루어졌다.

BC 206년에 로마의 장군 스키피오는 안달루시아의 세비야 근교에서 카르타고의 대군을 격파하고 세비야 외곽에 이탈리카라는 로마인의 도시를 세웠다. 이와 함께 이곳에는 로마 문명이라고 하는 선진 문명이 이식되었다. 이로부터 대략 600년 동안 로마 제국의 속주였던 이베리아반도에는 이탈리아 다음으로 많은 로마인들이 살고 있었고, 안달루시아는 로마 문명의 중심지

◆
로마 시대의 신전.
코르도바

가 되었다. 로마 제국 5현제 중에서 하드리아누스, 트라야누스, 아우렐리우스 황제가 이탈리카에서 태어났다. 또한 로마 제국 최고의 철학자인 세네카의 고향은 코르도바였다.

안달루시아에서 로마 문명은 신전, 다리, 수도교, 공중 목욕탕, 원형극장 등과 같은 건축물로 큰 자취를 남겼다. 그러나 서로마 제국의 몰락과 함께 5세기 초반부터 게르만계 종족인 서고트족이 이베리아반도의 대부분을 차지하게 되었다. 본시 서고트족은 전투에는 능했지만 미개한 종족이었다. 그들이 로마 제국의 영토에 들어와서 살게 된 4세기 후반 이후로 점차 로마 문명에 동화되기는 했지만 서고트 왕국의 초창기에는 아직 야만족의 면모를 갖고 있었다. 6세기 초에 클레르몽의 대주교는 서고트족과 직접 거래한 후에 이런 말을 했다고 한다.

> "그들은 매너가 별로 없는 단순한 유목민이다. 그들은 온몸에서 부추냄새를 풍기고 소란스럽게 열광적인 태도를 보이며 새벽에 찾아온다. 쾌활한 영혼에 걸맞게 식욕이 강하다. 그들의 위장은 나의 식료품 보관실보다 크다."[1]

말발굽 형태의 아치

문명 창조에서 별로 재능을 보이지 못한 서고트족이 남긴 유산으로는 스페인 건축의 특징 중 하나인 말발굽 형태의 아치와 7개의 성당 그리고 금·은 세공품들을 들 수 있다.[2] 이 중에서 말발굽 형태의 아치는 중세 이베리아반도의 건축에 깊은 자취를 남겼다.

칼로 나라를 얻을 수는 있지만 결국은 칼이 문명 속에서 녹아 버린다. 이베리아반도를 차지했던 서고트족은 중국을 정복했던 북방 유목민들처럼 토착민의 선진 문명에 흡수되었다. 서고트족은 라틴어와 로마법을 사용하게 되었고 기독교(가톨릭) 신앙을 갖게 되었다.* 서고트족의 로마 문명화는 중세 시대에 서유럽 전역에서 발생한 게르만족의 로마 문명화와 다르지 않았다. 그러나 거대한 태풍이 8세기 초에 이베리아반도에 상륙하면서 이후 이곳의 문명은 피레네산맥 너머에 있는 이웃들과 다른 운명을 겪게 되었다.

그 운명의 태풍은 무슬림의 침략이었다. 711년에 무슬림 군대가 모로코로부터 지브롤터 해협을 건너 이베리아반도를 침공하여 몇 년 만에 대부분의 지역을 정복했다. 이후 무슬림이 통치했던 지역은 아랍어로 '알 안달루스(Al-Andalus)'라고 하여 안달루시아의 어원이 되었다.

이슬람교의 창시자인 예언자 마호메트는 570년에 아라비아반도의 메카에서 부유한 상인 집안에 태어났지만 어려서 부모를 잃고 고아가 되어 숙부를 따라다니며 대상의 일원이 되었다. 그는 25세 때에 돈 많은 40세의 과부와 결혼하였고 그 덕분에 메카에서 부와 지위를 손에 넣었다. 하지만 훗날 그는 메카 주변의 계곡을 방황하거나 깊은 명상에 자주 빠졌다. 그리고 그의 나이 40세였던 610년에 마침내 언덕

---

* 서고트 왕국은 공식적으로 589년에 가톨릭을 국교로 선포했다.

의 동굴에서 신의 계시를 받았다고 전해지고 있다. 물론 무
슬림이 아니면 받아들이기 어려운 이야기다. 하지만 이 새로
운 종교가 도덕성을 갖추었고 사회적인 평등사상을 설파해
서 하층민과 진보적인 사람들에게 각광을 받은 것은 사실이
었다.

> "고리대금업을 그만두고, 가난한 자에게 자비를 베풀
> 고, 노예들에게 정의를 내려주고"[3]

7세기에 무슬림 아랍인들은 질풍노도의 정복을 수행했
다. 척박한 사막에서 살아왔던 사람들이 품고 있던 물질에
대한 엄청난 욕망이 새로 출현한 종교와 결합하여 정복으로
나타난 것이었다. 서구인들은 무슬림 아랍인들을 비하하기
위하여 '사막의 도적 떼'니 '사막의 메뚜기 떼' 등의 표현을 흔
히 썼지만 이슬람교로 무장한 그들은 죽음을 두려워하지 않
는 용감한 전사였다. 유서 깊은 페르시아 문명에 이슬람이라
는 외투를 뒤집어씌운 642년의 페르시아 정복을 겪은 한 페
르시아 시인은 이렇게 통탄하였다.

> "이 빌어먹을 세상, 빌어먹을 시대, 빌어먹을 운명 저
> 무지몽매한 아랍인들이 나를 무슬림으로 만들어 버렸
> 구나."[4]

사실은 이슬람으로의 개종이 강요되지는 않았다. 시인

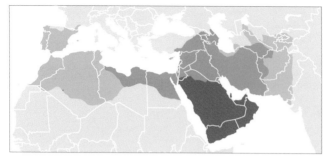

◆ 이슬람 제국의
최대 영토

출처 : 위키백과

의 과장된 비탄이었을 것이다. 결국 무슬림들은 중동과 북아
프리카 그리고 이베리아반도까지 정복하여 8세기에는 고대
로마 제국만한 영토를 가진 대제국을 이루었다.

무슬림의 정복이 본격화된 7세기 중반 이후로 대략 백
년 이내에 그리스, 시리아, 페르시아, 인도의 전통을 융합한
이슬람 문명이 출현하였다. 원래 국가 개념이 존재하지 않
고 이슬람교를 믿는 사람을 모두 포괄하는 '이슬람의 집'이
라는 개념만이 존재하는 이슬람 문명에 안달루시아의 문명
도 방 한 칸을 차지하게 되었다. 안달루시아에는 이슬람 양
식의 건축물들이 새로이 세워졌으며, 아랍어로 번역된 고대
그리스와 페르시아의 철학, 수학, 천문학, 의학 서적이 수입
되었다.[5]

문명의 발전 수준을 비교한다면 중세 시대 무슬림의 안
달루시아는 피레네산맥 너머에 있는 서유럽 기독교 사회보
다 적어도 400년 앞서 있었다고 한다.[6]

무심한 것은 세월이고 영원한 것은 없다고 했던가. 안
달루시아에서 800년간 뿌리를 내리고 번영했던 이슬람 문명

20

도 세월의 흐름과 함께 쇠락하였다. 기독교도의 재정복으로 이 지역의 이슬람 문명에는 기독교가 덧칠되었다. 이후 이곳에서는 기독교 문명과 이슬람 문명이 융합하여 전 세계의 어디에서도 보기 힘든 독특한 문명이 형성되었다. 무데하르 양식의 건축물은 기독교도의 재정복 이후에 출현한 두 문명의 결혼 기념물이다.

이슬람 문명이라는 염료가 스며든 기독교 문명이라는 면직물은 이 지역의 특산품이 되어 세계인의 사랑을 받고 있다. 다양한 양식의 건축과 예술 그리고 비유럽적인 풍속, 음식 및 대중문화는 안달루시아 문명이 뿜어내고 있는 향기이다.

우리의 안달루시아 탐방은 문명의 거대한 융합이 이루어진 코르도바, 세비야 및 그라나다를 중심으로 이루어졌다. 위의 세 도시는 이곳에서 8백 년간 지속된 무슬림 통치 시대에 이슬람 문명의 중심지였다. 번성했던 시대 순으로 열거하면 코르도바, 세비야 그리고 그라나다 차례이다. 그래서 우리들의 타임머신 여행은 그 순서를 따라 진행되었다.

첫 번째 여행지인 코르도바는 이베리아반도에서 이슬람 문명이 최초로 꽃을 피운 도시이다. 오늘날에는 비록 인구가 대략 30만 명 정도인 중소 도시에 불과하지만 중세에는 안달루시아 이슬람 왕조의 수도이자 서유럽 최고의 도시였다.

2 | 코르도바 탐방

9-10세기에 서유럽 최고의 도시였던 코르도바는 경제
와 문화에서 경이로운 도시가 되었다. 당대 코르도바에
는 70개가량의 도서관이 있었고 그중에서 으뜸인 코르
도바 대도서관에는 종이로 된 장서가 약 40만권이 소
장되어 있었다.[1]

코르도바의 구시가지로 진입하던 우리는 과달키비르강
과 웅장한 석조 다리 그리고 그 뒤로 보이는 우뚝 선 석조 건
물들이 보이는 전경을 마주하면서 마치 주문에 걸린 사람처
럼 서버리고 말았다. 그곳에는 자연과 문명이 만든 한 폭의

아름다운 그림이 펼쳐져 있었다. 과달키비르 강가에 있는 자
그마한 구시가지에는 상대적으로 웅장한 석조 건축물들이
늘어서 있다. 마치 신기루를 보는 듯이 신비감을 주는 이 지
역의 전경은 신화를 창조할 만하다. 그 신화는 이렇게 시작
될 것 같다. 과달키비르강이 인간과 신의 세계를 갈라놓았
고, 석조 다리 위에서는 인간과 신이 만나서 한판 술자리를
벌였다.

　　고대 로마 시대에 형성된 이 도시에는 오늘날까지 그

시대에 만들어진 다리와 신전 등의 건축물들이 남아 있다. 그러나 이 도시가 이베리아반도의 중심지로 역사의 조명을 받게 된 계기는 8세기에 발생한 무슬림의 정복이었다.

711년에 아랍인과 북아프리카인으로 구성된 약 1-2만 명의 무슬림 군대가 이베리아반도를 침공하였다. 이미 704년에 북아프리카 정복을 완료한 무슬림이 폭이 불과 14km에 불과한 지브롤터 해협을 건너는 것은 예정된 수순이었다.

그러나 서고트 왕국의 지배층은 그것에 대비하지 않았고 오직 왕좌를 둘러싼 권력투쟁에만 몰두하고 있었다. 다른 사람들 모두가 알고 있는 것을 당사자만 모르는 것이 세상의 이치가 아니던가. 아니면 내부의 권력투쟁에만 마음을 쏟느라 외부로부터의 위험에는 아예 눈과 귀를 닫았을 수도 있다. 보려고 해야 보이고 들으려 해야 들리는 것이 세상의 이치가 아닌가.

이 사건과 관련되어 믿거나 말거나 한 이야기가 전해 내려온다. 당시에 지브롤터 해협 방어를 책임지고 있는 훌리안 백작이라는 서고트족 귀족에게는 끔찍이 아끼는 딸이 있었는데 그녀가 서고트의 국왕 로드리고에게 능욕을 당하자 훌리안 백작이 복수심에 불타서 무슬림 군대를 끌어들이고 빗장을 열어주었다는 것이다.[2] 그러나 역사학자들에게 이 이야기는 단지 '전설 따라 삼천리'일 뿐이다. 711년 7월 19일에 무슬림 군대와 서고트족 군대 사이에 있었던 역사적인 전투에서 서고트족 귀족의 일부가 국왕 로드리고를 배반했던 것은 사실이다. 훌리안 백작을 포함한 일부 서고트족 귀족들이 외적의 손을 이용하여 자신들의 국왕을 제거하려 했던 것으로 보인다. 그들은 무슬림의 침략이 '그저 스쳐지나가는 바람'이 될 것으로 오판하였다. 실제로 그 바람은 반도의 대부분을 휩쓴 태풍이 되었다.

무슬림 군대의 이베리아반도 정복과 함께 시리아의 다마스쿠스에서 이슬람 제국을 통치하였던 우마이야 칼리프 왕조의 영토는 인도에서 대서양까지 엄청나게 확장되고, 조세와 전리품을 통해 칼리프*의 부(富)가 태산처럼 커졌다. 본시 메카의 유력 가문이었던 우마이야 가(家)는 이슬람으로 개종하더니 7세기 후반에는 비열한 방법으로 예언자 마호메트의 일족을 제거하고 칼리프 자리를 차지하였고 나아가 그 자리를 부자가 세습하는 칼리프 왕조를 만들었다. 우마이야 왕조의 전성기였던 8세기 초에 지어진 다마스쿠스의 모스크는 장엄한 아치와 반암 및 보석으로 새겨진 아랍어 서체로 유명하다.

그러나 우마이야 칼리프 왕조는 점차 부패와 향락에 빠졌고 동시에 나날이 민심을 잃어갔다. 그러다가 마침내 749년에 동부 이란의 호라산 지역에서 봉기한 이슬람 반란군이 예언자 마호메트의 숙부 쪽 후손인 아불 아바스를 새로운 칼리프로 내세우고 이어서 다마스쿠스를 함락하고는 우마이야의 왕족들을 도륙하였다. 이로서 마호메트 일족이 우마이야 가문에게 당한 치욕과 원한을 배로 갚았으니 세상사는 뿌린 대

---

* 본래 후계자라는 말에서 유래한 단어로 이슬람 제국 최고의 종교지도자이며 정치지도자를 의미한다.

로 거두는 법이다. 새로운 칼리프 왕조를 세운 아바스 가문은 756년에 자신들의 새 수도를 이라크의 바그다드에 건설하기 시작하였다. 티그리스 강변 동쪽에 있는 바그다드는 이후 약 500년간 아바스 칼리프 왕조의 수도로서 번영하여 한때 세계에서 가장 크고 풍요한 도시였다.

그러나 도륙당한 우마이야 가문이 여기서 끝장난 것은 아니었다. 알라신의 보살핌이 있었던지 아니면 운명이었던지 알 라흐만이라는 이름을 가진 우마이야 왕가의 19살짜리 왕자가 학살의 현장에서 목숨을 건지고 도주하였다.

> "왕자는 몇 미터 밖에서 말을 타고 쫓아오는 처형대를
> 간신히 피하여 강가에 도착했다. 헤엄을 잘 못 치는
> 남동생은 강가에서 머뭇거리다 곧 처형대의 칼에 찔
> 려 죽었다."[3]

그는 이집트를 거쳐 5년간 북아프리카에서 도피생활을 하던 중 마침내 이베리아반도로 가기로 결정하고 자신을 지지하는 약 1천 명의 북아프리카 무슬림 군대를 이끌고 지브롤터 해협을 건넜다. 이후 그는 안달루시아에서 살고 있던 무슬림의 지지를 얻어서 사실상 왕이 되었다. 몰락한 우마이야 가문은 이렇게 안달루시아에서 부활하여 756년에 코르도바를 수도로 하는 새로운 왕조를 세웠다.** 메카의 유력 가문에서 출발하여 칼리프 왕가로 부귀영화를 누리다가 비참하게 몰락했지만 이렇게 안달루시아에서 오뚝이처럼 일어나서 영화를 되찾았으니 이 집안의 기운은 참으로 질기고도 강했다.

　　이후 북아프리카, 시리아 및 예멘 등에서 많은 무슬림들이 안달루시아로 이주하여 새로운 보금자리를 만들었다. 코란의 계율 "종교를 강요하지 말라"에 따랐기 때문에 안달루시아에서는 유대인과 기독교인이 무슬림과 함께 살 수 있었다. 아랍어는 상업, 정부, 법률, 학문 분야에서 공용어로 정착되었고, 훗날에는 라틴어에서 파생된 언어를 사용하고 있던 기독교인들도 점차 아랍어를 즐겨 사용하게 되었다. 상류층과 지식인들은 아랍어로 번역된 고대 그리스의 문헌을 읽으면서 교양생활을 즐겼다.⁴ 8세기 말에 코르도바 대주교는 기독교도의 입장에서 당시의 상황을 이렇게 과장되게 통탄하였다.

***

** 알 라흐만은 자신을 총독이라고 불렀지만 실제로는 독립된 칼리프와 같은 지위를 누렸으며 그의 자손이 그 자리를 물려받는 왕조를 세웠다. 훗날 알 라흐만 3세는 912년에 공식적으로 자신을 칼리프라고 선포하였다.

과달키비르강
기슭의 물레방아,
코르도바

"안타깝구나! 유능한 기독교인들이 아랍의 언어와 문
학만 알고 있다는 사실이"[5]

안달루시아의 여러 도시에는 상하수도가 설치되었고
수많은 병원과 학교 및 공중목욕탕이 세워졌다. 또한 인간이
겪는 질병이 신의 처벌이라고 생각했던 서유럽 기독교 사회
와는 대조적으로 안달루시아에서는 온갖 질병에 대한 의학

적인 처방이 발전되었다. 종이를 사용하여 책과 달력을 만들었는데, 종이는 이슬람 제국이 중국을 통해 알게 된 것이었다. 이는 당시에 양피지로 책을 만들던 서유럽 기독교 사회에서는 상상도 할 수 없는 일이었다.

안달루시아의 경치도 바뀌었다. 로마식 수도교와 아랍식의 물레방아를 결합한 관개시설로 인해 산속에 있는 수원지로부터 도시와 농토로 물이 풍부하게 공급되었다.

덕분에 안달루시아의 메마른 토지가 비옥한 토지로 바뀌면서 농업생산이 증가했다. 과달키비르 대평원에는 밀, 호밀, 보리 등의 기존 작물에다가 오렌지, 올리브, 사탕수수 및 쌀이 지중해를 건너와서 새로 재배되기 시작하였다.[6]

또한 도시로의 물 공급으로 인하여 안달루시아의 자랑거리인 세련된 정원도 출현할 수 있었다.

　　무슬림에게 물이 있는 정원은 낙원을 상징하며 건축에
서 가장 큰 의미가 부여되었다. 사막에서 살았던 사람들에게
물이란 바로 오아시스의 풍요를 의미하였기 때문이다.[7]

　　약 300년간 우마이야 왕조의 수도였던 코르도바는 당
시 서유럽에서 가장 발전된 도시였다. 그 시대에 코르도바의
도로는 포장되었고, 밤에는 야간 조명으로써 횃불이 켜져 있
을 정도였다. 이 거리에서 걸어 다녔던 많은 사람들은 코르

메스키타와 로마의 신전

크 밑창을 댄 편안한 구두 또는 동방에서 수입된 신상품 신발을 신었다. 무역의 발달로 인해 온 세상의 물자가 이곳에서 거래되었으며, 출장 온 여행자들이 묵을 수 있는 숙박업소가 즐비하였다. 10세기에 코르도바의 인구는 대략 30만 명이었는데 동시대에 파리와 로마의 인구가 채 4만 명이 되지 않았으니 그 시절 코르도바의 규모와 번영을 알 수 있다.[8]

"왕좌가 있는 코르도바에는 모스크 600개, 욕장 900개, 가옥 20만 채가 있었다."[9]

그 시절 코르도바 번영의 상징물은 누가 뭐래도 대모스크(메스키타)이다. 어찌 보면 코르도바 메스키타는 안달루시아에서 발생한 새로운 문명의 상징이라 할 수 있다. 이 건물은 안달루시아 모스크의 원조로서 각 도시에 건축된 모스크들에게 모방의 대상이 되었다.

과달키비르 강변 구시가지에 있는 메스키타는 그 앞에 있는 로마의 신전 건물과 어울려 웅장하면서도 독특한 아름다움을 과시하고 있다.

이 광경 하나로 고대 로마 문명의 계승자였던 서고트 왕국을 정복하고 이곳을 차지한 무슬림의 역사를 단박에 알 수 있다. 그러나 메스키타의 출현이 안달루시아에서 과거와의 단절을 의미하는 것은 아니었다. 실제로 이 건물에서 발생한 기막힌 문명의 융합은 이 지역의 문명을 이전보다 한 단계 격상시킨 위대한 사건이었다.

코르도바의 대모스크가 안달루시아의 정신적, 문화적
에너지를 물질적으로 구현했다.[10]

    극적으로 시리아를 탈출하여 안달루시아로 들어와서
756년에 우마이야 왕조를 부활시킨 알 라흐만 1세(재위 756-
788)는 코르도바를 수도로 하여 안달루시아를 통치하였다.

그는 사실상 안달루시아의 제
왕이었지만 아직 힘이 약했기 때문
에 바그다드의 아바스 칼리프를 자
극하지 않기 위해 형식적으로는 스
스로를 칼리프라고 부르지 않고 총
독이라고 내세우면서 아바스 칼리
프와 애매모호한 관계를 유지하였
다. 한편 그는 바그다드의 칼리프

알 라흐만 1세

출처: 위키백과

가 보낸 신임 안달루시아 총독과의 전쟁에서 승리한 후에 그
를 참수하고는 머리를 소금에 절여 바그다드의 칼리프에게
보내는 잔인성을 보여주었다. 교활성과 잔인성을 모두 갖추
었던 그는 '쿠라이시의 매'라는 존경과 경멸이 뒤섞인 별명을
얻게 되었다. 쿠라이시는 우마이야 가문이 속해있는 부족의
이름이다.

다른 한편으로 그는 내정에 임하여 모든 백성을 공평무사하게 대하였고 백성의 사회생활을 코란의 원칙으로 다스렸다. 그는 사람을 평가할 때 종족, 신분, 지위보다는 지성을 중시하였다. 그의 치세에 안달루시아는 비로소 안정된 시대를 맞이하였을 뿐만 아니라 나아가 관용과 상호 의존의 기풍이 넘치고 무슬림, 기독교인 및 유대인이 평화롭게 공존하는 아름다운 세상이 되었다. 그는 습관처럼 자신의 업적을 자랑했다.

> "나는 굶주림, 칼, 죽음에서 도망치고, 안정과 번영을
> 이룩했으며 사람들을 단결시켰다. 이러한 업적을 달
> 성한 사람은 아무도 없다." 11

그러나 학살에서 살아남은 상처받은 영혼이 시시때때로 용암처럼 분출되고는 했다. 그는 정적들을 가혹하게 처형했고 사람들을 의심하였으며 암살이 두려워 은폐된 생활을 하였다. 그리고 고향 시리아에 대한 향수에 젖기도 하였다. 그래서 시리아에서 종려나무를 가져다 정원을 장식하고는 한 편의 시를 썼다.

> 저 멀리 서쪽의 알루사파 궁전에서
> 나는 고향에서 떨어져 나온
> 종려나무 하나를 바라본다.

◆
메스키타의 전경

우리는 낯선 땅에 있는 거야.

너는 나처럼 이방인으로 성장했고

지상에서 가장 먼 곳에 거주하지

이곳의 신선한 새벽안개와 풍부한 비

그마저 없으면 무슨 위안이 될까.[12]

알 라흐만 1세는 자신의 수도인 코르도바와 아바스 왕

조의 수도인 바그다드를 비교하면서 경쟁의식을 갖고 있었다. 티그리스 강가의 모래밭에 세워진 바그다드는 당대 세계 최대의 도시로서 인구는 약 100만 명에 육박하였으며 화려하고 웅장한 왕궁, 모스크, 학교, 병원, 여관 등이 들어섰다. 특히 도금된 성문을 가진 칼리프의 궁전과 엄청난 규모의 모스크는 보는 사람들을 놀라게 하였다. 바그다드는 알 라흐만이 도저히 따라갈 수 없는 도시였지만 그래도 그는 바그다드를 모범으로 하여 자신의 수도인 코르도바를 건설해 나갔다. 특히 그는 역점사업으로 785년에 코르도바의 대모스크(메스키타 Mezquita) 건설을 시작하였다.

무슬림의 정복과 함께 코르도바에 있었던 서고트 왕국의 성 빈센트 성당은 무슬림과 기독교인이 함께 사용했다. 하지만 훗날 무슬림의 예배 공간이 부족해지자 알 라흐만 1세는 기독교도에게 거금을 주고 도시 외곽에 새로운 성당을 세우게 하였다. 그 뒤에 알 라흐만 1세는 성 빈센트 성당 건물을 철거하고 그 자리에 대모스크 건설을 시작하였다.[13] 그러나 알 라흐만 1세는 이 건물의 완공을 보지 못하고 788년에 사망했고 건축은 그의 후계자인 아들 히샴이 이어받아 791년에 완공했다. 나아가서 히샴은 오늘날까지 종탑으로 서 있는 첨탑을 세웠다. 우마이야 왕조의 통치하에서 메스키타는 4번에 거쳐서 확장되어 결국 메카의 대모스크 다음으로 큰 이슬람 사원이 되었다.[14] 메스키타의 길이는 약 179m이고 폭은 134m인데, 전체 면적의 2/3가량이 기도실이다.

◆
메스키타의 정문,
벽면 장식, 정원, 첨탑

기도실 전경

"메스키타가 이렇게 유명하게 된 기본적인 요인이 무
엇인가요?"

"아마도 메스키타의 본질적인 특징 때문인 듯해. 구체
적으로 말하면 기독교 성당 건물이 있던 자리에 모스
크를 건축함으로써 굳이 메카의 양식을 사용하지 않
고 이민족들이 남긴 성당의 주춧돌과 기둥, 건축 양식
을 고스란히 이용하여 결과적으로 동서양의 양식이
융합된 예술을 창조한 것이지. 물론 건축 양식은 동서
양의 혼합이라고 하여도 모스크의 기본 구조는 기도
실과 정원 그리고 첨탑으로 구성된 전형적인 이슬람
양식이야."

로마식 기둥이 양쪽에 서 있는 정문을 지나면 정원이

◆
기도실의
로마 기둥들

◆◆
이중 아치

나오고 정원의 뒷부분에 첨탑이 서 있다. 정원은 기도실에
들어가기 전에 몸과 마음을 깨끗이 하는 곳으로써 반드시 분
수가 있다. 정원의 분수대는 현재 세 개가 남아 있고 올리브
나무와 오렌지나무들이 어우러져 있다.

건물 내부로 들어서면 기도실의 기둥들이 인상적인 모
습으로 눈에 들어온다. 856개에 이르는 기도실의 기둥은 주
로 로마식과 서고트식인데 이전에 세워진 건축물들에서 가
져온 것으로 보인다.[15] 새롭게 조각한 기둥은 하나도 없었고,
똑같거나 비슷한 기둥머리로 꾸민 것들도 별로 없었다. 기도
실의 천장 높이는 로마 기둥의 규칙적인 길이를 따라야만 했
는데, 아치 위에 아치를 다시 올리는 혁신적인 방식을 사용
하여 천장 높이를 12m까지 높였다.

기도실의 정면에는 18개의 대형 아치 출입문이 있다.
기둥 위에 있는 이중으로 된 서고트형식의 말발굽 모양 아치

들은 사암과 붉은 벽돌이 교대로 쌓아진 형태이다. 이중 아
치는 메스키타의 상징적인 구조물로서 기도실 내부가 높아
보이는 시각적 효과를 창조하였으며 독창적이면서 환상적이
고 아름답다. 기도실 안의 채광은 바깥 정원에서 입구의 문
을 통해 햇빛이 들도록 했지만 그것만으로는 빛이 부족하여
천장 곳곳에 돔을 만들어 지붕에서 햇빛이 들도록 했을 뿐만
아니라 곳곳에 기름램프를 달았다.

　장식이 거의 없는 벽과 기둥은 가톨릭 대성당의 화려한
실내장식과는 대조되는 소박한 아름다움과 색다른 감동을
제공한다.[16] 우상숭배를 금지하는 무슬림의 모스크에는 가톨
릭 성당에서 볼 수 있는 성상은 본시 없다. 단지 메스키타의
벽에는 코란의 구절들이 아랍어 서예로 장식되어 있다. 이는
무슬림들에게 교양을 가르치는 수단이었다.

　작은 아치형 입구 안쪽에 움푹 들어간 중앙부 기도실은

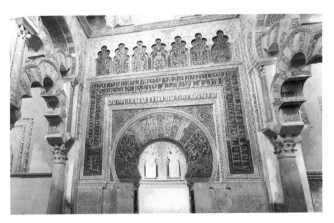

◆ 메스키타의 미흐랍

◆ 돔 내부의 장식

정교하고 화려한 것으로 유명한 미흐랍이다. 미흐랍은 기도실에서 메카 쪽을 향한 벽면에 만들어져서 무슬림들에게 메카 방향을 알려주는 공간이다.

미흐랍 입구 부근에는 몇 개의 작은 돔이 있는데, 돔 내부의 고전적인 장식은 화려하거나 우아한 아름다움을 과시하고 있다. 또한 미흐랍 입구를 둘러싼 타일로 구성된 벽면의 모자이크는 영원한 천국의 정원을 묘사하고 있다.[17] 타일로 만들어진 모자이크는 이슬람 예술의 대표적인 장르 중의 하나이다.

알 라흐만 1세는 메스키타에 우아한 아랍 필체로 이런 글귀를 새기도록 명령했다고 한다.

메스키타의
고딕 성당 전경

"이것은 이미 앞에서 벌어진 일을 구현하고, 뒤에 오는
것을 밝혀주었다."[18]

　　1236년에 카스티야 왕국의 페르난도 3세는 코르도바를
정복하고는 메스키타를 모스크에서 성당으로 바꾸고 첨탑에
십자가를 걸었다. 그 뒤를 이은 카스티야의 국왕들은 성당에
예배당들을 추가적으로 건축하였다.
　　훗날 스페인의 왕이자 신성로마제국의 황제였던 카를
로스 1세(1500-1558)는 1523년에 코르도바 대주교의 청원을
받아서 메스키타의 기둥 4줄을 뜯어내고 대신에 고딕 양식
의 가톨릭 성당으로 개조하도록 하였다. 그러나 미학적인 관
점에서 볼 때 이 개조는 완전한 실패작이었다. 언젠가 이 건
물을 둘러본 카를로스 1세는 건물의 개조를 허락한 자신의
결정을 후회하면서 대주교를 향해 탄식했다.

르네상스 양식의
예배당

"그대가 만든 것은 어디서나 볼 수 있는 것이지만, 그대
가 파괴한 것은 이곳에만 존재하는 특별한 것이었다."[19]

또한 건물 내부에는 르네상스 양식의 예배당이 있고 이
곳에는 예수의 12제자 조각상과 기독교 재정복을 감사하기
위해 만든 금빛 조형물이 있다.
　　결과적으로 메스키타는 작은 성당을 내부에 품고 있는

큰 성당의 모양새에다가 온갖 건축 양식이 혼합된 '비빔밥 양식'으로 세계에서 유래가 없는 건축물이 되었다. 또한 이로 인해 메스키타는 안달루시아의 파란만장한 역사와 이로 인한 문명의 융합을 보여주는 증거물이 되기도 하였다.

메스키타는 예술적으로 뛰어난 독특한 건물이다. 건물의 외관뿐만 아니라 내부의 구조와 미흐랍 그리고 기둥의 형태, 이중아치 및 천장 장식 등은 유럽의 다른 성당 건물에서는 볼 수 없는 특별한 모습이었을 뿐만 아니라 뛰어난 예술성을 보여주고 있다. 단지 정원의 아름다움은 기대 이하였지만 우아한 자태의 첨탑이 함께하여 기도실의 격조에 상응하는 미(美)를 창조하였다.

이 세상에는 오랜 역사적 경험을 통해 옳다고 인정되는 이른바 '정설'이라는 것이 있다. 이런 부류로써 '왕조가 번영할수록 왕궁이 크고 화려해진다'는 정설은 (조선 왕조 말기에 흥선 대원군이 경복궁을 새로 지은 경우를 제외하고는) 일반적으로 들어맞는다. 안달루시아 우마이야 왕조의 전성기에 지어진 메디나 아사하라 궁전도 이런 경우에 해당한다.

프랑스의 베르사유 궁전이 수도인 파리에서 자동차로 약 50분 걸리는 곳에 위치하고 있듯이 메디나 아사하라 궁전도 코르도바 구시가지에서 자동차로 약 20분 정도 걸리는 장소에 있다. 왕조의 전성기에 새로운 궁전을 지을 때는 수도의 한복판이 아니라 주변의 외진 장소를 선택한다. 그 이유는 단지 넓은 부지가 필요하기 때문일 뿐만 아니라 대중들과 격리된 장소에서 호화로운 생활을 즐기기 위함일 것이다.

　　우리는 관광버스를 타고 구시가지에서 출발해서 메디
나 아사하라 궁전의 유적이 멀리 보이는 입구에 도착해서 버
스에서 내렸다. 그리고 이곳에서 다시 셔틀버스로 갈아타고
잠시 이동해서 폐허화된 궁전의 전경이 바로 내려다보이는
언덕에서 하차했다.

　　한쪽 면에 언덕이 있고 삼면이 벌판에 둘러싸인 폐허화
된 궁전의 전경을 보자니 신비감과 쓸쓸함이 동시에 느껴졌
다. 산등성이 밑에 있는 광활한 평야에 위치한 거대한 궁전
유적은 멀리서 소들이 한가롭게 풀을 뜯는 장면과 어울려서
무상한 세월을 느끼게 한다.

2 메디나 아사하라(Medina Azahara) 궁전

알 라흐만 3세는 천국 같은 궁전을 원했다. 궁전 안에
는 멋지고 큰 규모의 정원, 동물원, 연못이 있었다. 연
못에 있는 물고기에게 주기 위하여 매일 1만 2천 개의
빵이 필요했다고 한다.[20]

메디나 아사하라 궁전을 건축한 우마이야 왕조의 알 라
흐만 3세(재위 912-961)는 경제 위기, 지방 분리주의, 반란 등
으로 절망적인 상태에 놓인 왕국을 물려받았다. 하지만 그는
뛰어난 능력으로 어려움을 극복하고 반세기에 가깝게 안달
루시아를 성공적으로 통치하였다. 그는 관대하고 온화하며
정의로웠으며, 예술과 과학을 후원하고 학자들과의 대화를
즐겼다. 또한 그는 기독교 국가들로 외교관을 보냈고 특히
비잔틴 제국과 많은 교류를 가졌다. 그의 치세에 콘스탄티노
플에서 수입된 고대 그리스 로마의 서적들이 그의 궁전에서
아랍어로 번역되었고 바그다드로부터 들여온 아랍어 서적과
함께 보관하기 위해서 코르도바에는 중세 서유럽 최대 규모
의 도서관이 세워졌다.[21] 이 시절에 안달루시아 문명은 경제
적 기술적 번영의 정점에 이르러서 이슬람 세계에서 최고의
풍요로움을 자랑했다.[22]

알 라흐만 3세는 929년에 조상들이 사용한 총독이라는

명칭을 버리고 자신이 칼리프임을 공식적으로 선언하여 안달루시아에서 우마이야 칼리프 왕조가 공식적으로 출범하였다. 칼리프 선포를 그는 이런 말로 대신했다.

> "알라는 짐을 편들었고, 짐의 권위를 세워주었으며 짐이 신의 성공을 쉽게 깨달을 수 있도록 허락해 주었다."[23]

이로서 우마이야 가문은 750년에 다마스쿠스에서 아바스 가문에게 도륙당하고 빼앗긴 칼리프 칭호를 안달루시아에서 되찾았다. '가문의 영광'이었다. 결국 10세기에 이슬람 제국은 바그다드의 아바스 칼리프, 안달루시아의 우마이야 칼리프 그리고 북아프리카의 파티마 칼리프가 공식적으로 각각 통치하는 세 토막으로 분열되었다. 게다가 분열의 수준을 넘어서 세 명의 칼리프는 서로를 파문하면서 다툼을 벌였다. 그런 와중에 그들은 이단자가 이교도보다 더 역겹고 악하다는 사실에만 의견의 일치를 보였다고 한다.[24] 15세기 초에 서유럽 가톨릭에서도 세 명의 교황이 진흙탕 싸움을 벌인 적이 있었다. 종교의 이름으로 발생하는 권력투쟁이 세속의 권력투쟁과 별반 다르지 않은 것에 놀랄 필요는 없다. 어차피 인간 세상에 세속 아닌 곳은 없으니까. 백성이니 나라니 하는 말을 내뱉으며 하는 싸움이나 신을 들먹이며 하는 싸움이나 본질에서는 무엇이 다를까. 권력이라는 탐나는 고깃덩이를 앞에 두고 혼자 먹겠다고 으르렁거리는 승냥이 같은 인

◆ 총리 공관의
입구 아치

간들이 벌이는 싸움일 뿐인 것을.

한편 알 라흐만 3세는 로맨틱한 인물이기도 했는데 아사하라라는 이름을 가진 한 여인을 깊게 사랑했다. 그는 그녀를 위하여 코르도바에서 8km 떨어져 있는 곳에 '아사하라의 도시'라고 불리는 새 궁전을 건설하였다.

공사에는 약 일만 명의 장인들이 동원되어 궁전은 25년 만에 완공되었다. 값비싼 자재를 사용하여 화려하게 꾸며진 이 궁전에는 규모가 큰 정원, 동물원, 연못이 있었고 정부기관도 입주하였다.[25]

당시 이 궁전은 기둥이 즐비한 대회의실, 기하학적인 정원, 물이 폭포처럼 떨어지는 분수 등으로 명성을 날렸다. 알 라흐만 3세는 당시 국가 재정의 1/3 이상을 이 궁전의 건축에 사용하였다. 10세기에도 수세식 화장실을 설치했을 만

사우나탕,
화장실,
침실

큼 기술적으로도 뛰어났고 약 2만 명의 사람들이 동서양의
사치스런 문명을 즐기며 호화로운 삶을 누렸던 곳이었다.[26]

알 라흐만 3세는 이 궁전을 건축하기 위하여 당대에 최
고 기술을 보유한 조각가들과 건축가들을 콘스탄티노플에서
초빙하였다. 또한 이베리아반도, 아프리카, 그리스, 이탈리
아에서 가져온 대리석으로 만든 1,200개의 기둥은 건물의 내
부를 한층 호화롭게 치장했으며, 알현실의 벽면은 황금과 진
주로 장식되어 있었다. 그 밖에도 건물들 사이에 있던 거대
한 연못 주위는 동물과 새의 진기하고 값비싼 조각들로 둘러
싸여 있었다.[27] 오늘날에는 연못의 바깥쪽에 있는 건물이 폐
허가 되어서 연못이 정원에 붙어 있는 것으로 보인다.

거대한 정문을 지나면 큰 마당이 나오고 오른쪽에는 거
대한 기둥들이 늘어서 있다. 기둥의 윗부분에 있는 아치가

◆
연못과 정원

◆
정문과 기둥들

천장을 지탱했을 것으로 보여 거대한 내부 공간이 있었을 것
으로 추정된다.

　이 궁전은 황폐해져서 그 옛날의 화려함을 오늘날에는
직접 확인할 수가 없지만, 전해지는 바에 의하면 이웃의 경
쟁국이었던 프랑크 왕국의 샤를마뉴 대제 시대에 지어진 아
헨 궁전은 이 궁전에 비하면 오두막 수준이었다고 한다.

　그러나 이 궁전은 알 라흐만 3세의 사후였던 1010년에

발생한 내란 중에 반란군에 의해서 폐허가 되었다가 1910년
에 발굴되었다. 궁전 정문 윗부분에 화재의 흔적이 아직까지
남아 있는 것으로 보아 반란군이 궁전에 방화한 것으로 보인
다. 궁전에 불을 지르는 행위는 일반적으로 정권 또는 체제
에 대한 불만이 강한 소외계층들에 의해서 자행되는 법이라
는 것을 상기해볼 때 우마이야 왕조 또는 지배계층이었던 아
랍계 무슬림에 대해 깊은 불만을 품고 있었던 북아프리카계
무슬림들의 소행이라고 추정된다.

안달루시아 우마이야 왕조와 명운을 함께 했던 이 궁전
이야말로 전설 속에 묻혀 있다가 발굴된 트로이 유적처럼 수
많은 이야기를 품고 있다. 본시 상상의 날개를 펼치기 좋아
하는 인간이 이 궁전을 관람하면서 얼마나 많은 전설을 창조
하고 후대에 전달하였을까. 그래서 역사와 문학은 예부터 하
나였다고 한다.

정치적인 성공과 호화로운 삶을 누린 알 라흐만 3세는
생을 마치면서 이런 글을 남겨서 세상 사람들을 놀라게 하
였다.

"나는 지금까지 약 50년 동안 평화와 승리 속에서 제국
을 통치해왔다. 백성들은 나를 사랑하고 적들은 나를
두려워하며 동맹국은 나를 존경한다. 부, 명예, 권력,
쾌락은 언제든지 원하는 만큼 누릴 수가 있어서 지극
히 행복하니, 지상에는 내가 누리지 못할 그 어떤 축
복도 없다. 이런 환경에서 온전히 내 몫이라 할 수 있

는 진정으로 행복했던 날을 꼽아 보았더니 겨우 14일
이었다."[28]

이 이야기를 들은 후배는 큰 충격을 받은 듯하였다.

"성공한 제왕에게 결핍된 것은 과연 무엇이었을까요?"

"자유와 평화가 아니었을까."

이 말을 하는 순간 청나라의 강희제가 떠올랐다. 청나
라 최고의 황제였던 강희제(1654-1722)도 제왕의 삶은 고달프
고 불행하다고 한탄한 바 있기 때문이었다.

"제왕들의 책임은 너무 무겁고 벗어날 수도 없다. 이를
어찌 신하들과 비교할 수 있을 것인가? 신하들은 벼
슬살이를 할 만하면 벼슬을 살고 그만둘 만하면 그만
둔다. 늙으면 사직하고 고향으로 돌아가서 자손들을
돌보면서 유유자적하게 보낼 수 있다. 그러나 군주들
은 평생토록 부지런히 수고하고 쉴 수가 없다."[29]

그렇다면 빈천해도 자유와 평화만 있으면 제왕의 삶보
다 행복해질 수 있는 것일까? 내 삶이 불행하다는 생각이 들
때마다 늘 떠올렸던 만해 한용운의 시 한 수가 있었다.

"자유는 만물의 생명이요,

평화는 인생의 행복이다.

그러므로 자유가 없는 사람은 시체와 같고,

평화가 없는 사람은 가장 고통스럽다."[30]

    다 내려놓고서 자유롭고 마음 편히 살면 행복의 문이 열린다는 의미인 듯하였다. 물론 다 내려놓는다는 것이 어디 말처럼 쉬운 일이던가. 다 비운 듯해도 어느새 꽉 차 있는 자신을 발견하는 것이 우리네 중생의 삶이 아니던가. 또한 비웠다는 말을 잘하는 사람치고 거의 예외 없이 탐욕적인 것도 사실이다. 사기꾼이 돈에 관심 없다고 말하는 것과 유사하지 않을까.

    평범한 사람들의 생활상을 체험하기 위해서는 동서고금을 막론하고 도시의 뒷골목이나 시장 바닥을 가보는 것이 제일 좋다. 코르도바의 뒷골목은 특히 우마이야 왕조 시대 평민들의 경제 활동을 느낄 수 있는 중요한 장소이다. 우리는 메스키타에서 멀지 않은 이곳을 찾아보았다. 그 옛날의 시장터를 찾는 일은 기본적으로 고전 서적에 의존하여 코르도바 궁전에서 출발하여 뒷골목을 찾아가는, 그 옛날의 우마이야 왕조 수도를 더듬는 작업이었다.

◆
코르도바 궁전
전경

메스키타에서 강변 방향으로 가다가 오른쪽으로 꺾어서 강변도로를 따라가면 코르도바 궁전이 보인다. 알 라흐만 1세의 아들 히샴 1세가 통치하던 8세기 말에 완공된 수도의 궁전이다.

훗날에 지어진 메디나 아사하라 궁전에 비하면 상대적으로 무척 작았지만 아름다운 과달키비르 강변의 경치에 어울리는 우아한 건물이다.

기독교도의 재정복 이후에 성벽의 내부에 있던 이슬람 양식의 건물들이 파괴되었고 기독교도들이 건축한 건물들로 인하여 기독교 왕국의 궁전으로 보일 수도 있지만 이슬람 양식의 중정과 정원이 남아 있어서 한때 이곳이 무슬림의 궁전이었음을 알려주고 있다.

물과 과일나무로 뒤덮인 정원은 마치 낙원을 표현한 듯 보였다. 정원의 한복판에서 물이 중심을 이루고 있는 무슬림

시장 광장과
상업센터 건물

정원 양식의 정수라고 해도 지나치지 않을 것 같다.

코르도바 궁전에서 멀지 않은 곳에는 공중목욕탕과 중
앙 시장이 있었다. 유대인 약사, 서고트족 대장장이, 그리스
의사는 이 비좁고 기다란 골목에서 일했다. 또한 이곳에는
직공이 비단, 모직을 만들던 가게와 작업장들이 즐비했고,
그곳에서 장인들이 고급 유리그릇을 만들거나 그 유명한 코
르도바 가죽을 다듬었다고 한다.

시장의 좌판에는 빵, 채소, 과일, 기름, 양고기 같은 식
재료가 그리고 그 옆에는 페르시아 카펫, 다마스쿠스의 금속
제품, 중국의 비단, 피혁 제품 및 보석 등이 진열되어 있었다
고 전해진다. 그 시절에 코르도바는 서유럽에서 국제 무역의
중심지였다. 오늘날에도 이 골목에는 의류와 공예품을 파는
상점들이 많이 눈에 띈다. 그 옛날 왕국의 수도 시절에 누렸
던 이 도시의 영화는 오래 전에 사라졌고 지금은 단지 관광

◆
코르도바의
중앙 시장 거리

도시로 명성을 누리고 있지만 뒷골목의 풍경은 그 시절을 상
상할 수 있을 만큼 크게 달라지지 않은 듯했다.

　코르도바의 뒷골목에서 느껴지는 세계주의는 그 옛날
의 로마 제국을 재현한 듯하였다. 그 시절 코르도바 생명력
의 원천은 바로 개방성이었다. 사실 안달루시아의 종교적 개
방성은 경제적 교류의 원천이었다. 안달루시아는 서유럽 기

독교 국가들에게 포도주, 올리브기름, 무화과, 가죽 제품, 건포도, 아몬드 등을 수출하기도 하였다.

중세 서유럽 기독교 사회에서는 전사 정신이 지배적이었던 것과는 대조적으로 동시대 안달루시아에서는 비즈니스 정신이 넘치고 있었다. 그래서 피레네산맥을 경계로 동쪽의 기독교 사회는 경제적 암흑 그리고 서쪽의 이슬람 사회는 경제적 번영을 경험하였다.

"당시에 안달루시아의 경제는 자유방임적 시장경제였나요?"

"그것은 아니고 안달루시아의 경제는 국가의 가격통제에 놓여 있었어. 그리고 이슬람 율법에 의해서 빌린 돈에 이자를 붙이는 것이 금지되었지."

"안달루시아의 경제가 당대 서유럽 기독교 사회와 본질적으로 다른 점은 무엇이었나요?"

"안달루시아에서는 알 라흐만 1세 때부터 은화가 발행되어 상거래에 사용되었던 화폐경제였다면 당대 서유럽 기독교 사회는 기본적으로 물물교환 경제였어."

나는 딱딱한 경제 이야기를 그만 두고 싶어서 관심을 돌리려고 후배에게 가벼운 질문을 던졌다.

"이 시대에 아랍으로부터 전파되어 안달루시아에서 유행하기 시작했던 오락 게임이 있었는데 뭔지 알겠어?"

"글쎄요."

"바로 서양장기인 체스야."

9-10세기에 서유럽 최고의 문명을 자랑했던 코르도바는 우마이야 왕조의 몰락과 함께 석양에 물들기 시작하였다. 우마이야 왕조의 몰락 원인은 직접적으로는 왕위 다툼으로 인한 혼란이었다. 코르도바의 중앙 권력이 약화되니까 각 지역에서 총독들이 자신을 왕으로 지칭하며 독립의 바람이 불었다. 사실은 이전에도 오랫동안 안달루시아의 무슬림들 사이에서 갈등과 분쟁이 많았고 중앙정부의 통치에서 벗어나려는 분리주의도 횡행했었다. 우마이야 왕조가 강력한 통치력을 발휘했던 시절에는 간신히 봉합되어 있었던 갈등이 중앙정부의 약화와 함께 분출되어 안달루시아의 지도를 누더기로 만들고 말았다.

안달루시아가 많은 수의 이슬람 소왕국들로 분열되었던 시절에 코르도바는 세비야 소왕국의 침략을 받고는 결국 세비야의 위성도시로 전락하였다. 이와 함께 코르도바의 번영을 이끌었던 인재들이 떠나면서 이 도시는 황폐해졌다. 이제는 지는 해가 되어 버린 코르도바와는 대조적으로 새로운 태양이 세비야에서 떠오르고 있었다. 안달루시아 이슬람 문명의 중심은 이제 세비야로 옮겨갔다.

세비야로 떠나기 전날 저녁을 먹으려고 코르도바에서 유서 깊은 레스토랑에 들어가서 스테이크를 주문을 하는데 비프(beef)?라고 물어보니 웨이터 답변이 비프(beef)가 아니고 불(bull)이라고 했다. 속으로는 웃음을 참기가 힘들었지만 영어의 표현이 무엇이 중요하겠는가? 어느 한쪽이 알아듣고 그 순간을 즐기면 그만인 것을...

우리들의 타임머신 여행길은 역사의 흐름을 따라 세비야로 향했다. 세비야는 오늘날 스페인에서 가장 인구가 많은 자치 지방인 안달루시아의 중심 도시이면서 스페인에서 4번째로 큰 대도시이다. 인구가 그 절반도 안 되는 코르도바에서 세비야로 가는 길에는 시골소년이 도시 구경을 떠나는 설렘이 함께 하였다. 규모에서 차이가 나기는 하지만 과달키비르강을 끼고 있는 평지의 도시라는 측면에서는 두 도시의 모습이 기본적으로 흡사하여 왠지 낯설지 않은 느낌이었다.

3 | 세비야 탐방

　　세비야는 나름의 기이한 역사와 다민족 간의 결합, 그리고 나약한 이성과 더불어 풍부한 감성, 예술적 영감이 가득한 삶과 유랑으로 곳곳마다 생생한 탄력이 가득 채워진 곳이었다.[1] 영국의 시인 바이런은 장편 서사시 〈돈 주안〉에서 이렇게 적었다.

　　"나는 세비야라는 아주 흥미로운 도시에서 태어났다.
　　그곳은 귤과 여자로 유명한 곳이다.
　　이 도시를 본 적이 없는 사람은 정말 불쌍한 사람이다."[2]

우리의 세비야 여행길은 불쌍한 사람에서 탈피하고 싶은 소망에서 출발했는지도 모른다. 상기의 시 구절처럼 세비야에는 정말 귤나무가 많다. 거리의 가로수가 대부분 귤나무로 되어 있을 뿐만 아니라, 정원에도 귤나무가 가득하다. 쌀쌀한 겨울에도 온 도시를 장식한 노란 귤을 보면서 여행객들은 이곳에서 제일 먼저 남국을 느낀다.

◆
귤나무가
있는 정원

세비야는 오페라와 인연이 많은 도시인 듯하다. 로시니의 오페라 〈세비야의 이발사〉 그리고 비제의 오페라 〈카르멘〉이 모두 세비야를 무대로 하였다. 흥미로운 것은 두 오페라의 작곡가 모두 스페인 사람이 아니라는 사실이다. 비제는 프랑스인, 로시니는 이탈리아인이다. 이런 연유로 오페라의 초연은 작곡가의 나라에서 이루어졌다. 세비야에 대한 사랑과 관심은 스페인에서보다 이웃나라들에서 더욱 컸던 것은 아닐까.

과달키비르강이 흐르는 평야지대에 자리 잡고 있는 세비야는 일찍이 문명이 발달했던 곳이다. BC 5세기경에 세비야와 그 인근 지역은 고대 그리스 역사가들에 의해 타르테소스 지방으로 불렸다. 그리스의 역사가 헤로도토스는 《역사》에서 타르테소스 왕국을 '엄청나게 장수를 누리는 왕이 다스

리는 믿을 수 없을 정도로 부유한 왕국'이라고 적었다.[3]

◆
세비야 전경

전설의 왕국으로 알려져 있던 타르테소스 왕국은 1958년에 세비야 인근에서 건축 공사를 하고 있던 인부들에게 그 유물들이 발굴되어 역사적 실체가 드러났다.[4] 그러나 인간이란 본시 실화보다 신화를 좋아하기에 세비야의 역사도 신화로 치장되었다. 그리스 신화에 나오는 헤라클레스가 세비야를 건설했다는 이야기가 널리 인기를 얻어서 세비야의 알라메다 광장에는 헤라클레스의 동상이 서 있다.

고대 로마 제국의 통치 시절에 이베리아반도의 중심 도시였던 세비야는 로마의 영웅 카이사르(시저)와 깊은 인연을 맺은 도시로도 유명하다. 카이사르는 세비야에서 재무관으로 근무했을 뿐만 아니라 훗날에는 총독으로 그 지역을 통치

◆
헤라클레스와
카이사르의 동상,
알라메다 광장

했다. 그래서 세비야 곳곳에는 그의 흔적이 남아 있고, 세비
야의 알라메다 광장에는 그의 동상이 서 있다.

카이사르가 세비야를 통치하던 시절에 외적을 막기 위
해 세운 마카레나 성벽이 구시가지의 중심지에서 조금 떨어
진 곳에 지금까지 남아 있다. 마카레나 성벽은 BC 1세기에
건설되어 많은 세월이 흘렀음에도 여전히 견고한 모습이다.
성벽은 석회와 모래, 자갈 등을 섞어 만든 콘크리트로 되어
있고 성루는 구운 벽돌로 지어졌다.

카이사르와 맺은 인연 덕분에 세비야는 고대 로마 제국 시대에 이베리아반도에서 최고의 도시가 되었다. 그러나 서고트 왕국 시대에는 수도였던 톨레도 다음가는 도시였고 무슬림 통치 시대에 들어서는 우마이야 왕조의 수도가 코르도바였기에 역시 둘째가는 도시가 되었다. 하지만 곧 첫 번째가 될 기회가 다가왔다. 안달루시아의 우마이야 왕조가 11세기 전반에 왕권 다툼과 분열로 인하여 몰락한 후에 다수의 이슬람 소왕국들이 군웅할거했던 시대가 도래하였다. 이 시기에 세비야는 이슬람 소왕국들 중에서 최대 강국으로 떠올랐다. 세비야는 과달키비르 계곡 저지대의 대부분을 합병하여 몸집을 키웠으며 동시에 안달루시아 이슬람 문명의 중심지가 되었다.

한편 8세기 초 무슬림의 정복이 이루어졌을 때 많은 수의 기독교도들이 물살 빠른 강과 눈 덮인 산맥으로 인하여 접근이 어려운 험준한 북부 지역으로 도피하였는데, 훗날 이들의 후손들이 기독교 왕국들을 형성하였다.

우마이야 왕조가 사라진 이후에 이슬람 소왕국들 사이의 잦은 전쟁으로 인하여 안달루시아의 이슬람 세력이 약화

마카레나 성벽

되면서 북부의 기독교 세력
이 우위에 놓이게 되었다.
그리고 마침내 당시에는 안
달루시아에 속해 있었던 톨
레도가 1085년에 레온-카스
티야 기독교 왕국에게 함락

되면서 이베리아반도에서
무슬림 종말의 서곡이 울렸
다. 수세에 몰린 안달루시아의 무슬림은 북아프리카에 있는
무슬림에게 도움을 청하는 것 외에는 달리 방책을 찾을 수가
없었다. 당시 세비야 소왕국의 알 무타미드 왕은 모로코에
있는 알모라비데족의 유수프 왕에게 도움을 청하면서 다음
과 같은 서신을 보냈다.

> "가톨릭 왕 치하에서 이교도의 돼지로 살아가느니, 모
> 로코에서 낙타를 치며 사는 것이 낫다."[5]

그러나 얼마 안가 그는 이 편지를 쓴 것을 땅을 치며 후
회하게 되었다. 늑대를 피하려다 호랑이 굴에 들어간 신세가
되었기 때문이다.

알모라비데족은 1086년에 이베리아반도를 침공하여 기
독교 왕국들하고만 싸운 것이 아니라 이슬람 소왕국들을 정
복하여 안달루시아를 통일하였다. 그러나 그들의 통치는 오
래 가지 못했고 안달루시아는 다시 이슬람 소왕국들로 분열

되었다. 그러자 1147년에 또 다른 북아프리카 무슬림 알모아데족이 이베리아반도에 들어와서 분열된 안달루시아의 이슬람 세력들을 다시 통일하고 세비야를 수도로 삼았다. 북아프리카 출신의 두 무슬림 왕조 덕분에 안달루시아에서 무슬림 통치는 수명을 연장할 수는 있었지만 기독교도 쪽으로 기울어진 대세를 무슬림 쪽으로 되돌릴 수는 없었다. 마침내 세비야는 1248년에 기독교 왕국 카스티야에게 정복되어 이슬람 통치 시대는 종말을 맞이하였다.

기독교 왕국에 속한 이후로도 세비야의 번영은 계속되었다. 특히 세비야는 15세기 말 콜럼버스의 아메리카 발견 이후 16세기까지 스페인 해상무역의 중심지요 세계에서 가장 부유한 도시로 명성을 날렸다.

한때 세계 최고의 항구였다가 훗날 점진적으로 쇠락하기는 했지만 이 도시는 오늘날 안달루시아의 중심지로서 약 70만 명의 시민들이 살고 있다. 그들은 잔인한 경기라고 비판받는 투우를 즐기듯이 아직도 안달루시아적인 삶을 즐기고 있다.

과달키비르 강변에 있는 투우 경기장은 규모가 크고 외관이 독특한 건축물이다. 오늘날에는 투우 경기로 인한 관람료 수입뿐만 아니라 관광객을 상대로 경기장을 구경시키면서 받는 관람료 수입도 짭짤한 듯하다.

세비야에는 제왕들의 자취가 다양한 양식의 궁전으로 남아 있다. 알카사르는 유네스코 세계 문화유산에 등재된 유럽의 궁전들 중에서 가장 오래된 것으로서 여러 시대에 거쳐

서 지어진 궁전들이 합쳐져 있다.

세비야 구시가지 한복판에 대성당을 마주 보며 서 있는 알카사르는 이 지역을 통치한 제왕들의 자취와 함께 안달루시아의 복잡한 역사를 음미할 수 있는 명소이다. 한 담장(성벽) 안에서 이슬람과 기독교 문명이 다양한 양식의 건축물로 공존하는 특별하고 매력적인 장소이다.

◆
알카사르 외부
전경

　스페인어로 알카사르는 성을 의미하는데, 무슬림 치하
의 안달루시아에서는 궁전을 의미하였다. 우마이야 왕조의
알 라흐만 3세 시대였던 913년에 이곳에 처음으로 궁전이 지
어진 것으로 알려져 있다. 그는 알카사르 자리에 높은 성벽
과 방어 탑들로 둘러싸인 요새를 만들었고 그곳에 세비야 최
고 관리가 머무르는 작은 궁전을 건설했다고 한다.

　안달루시아가 수많은 이슬람 소왕국으로 분열되어 있
던 시대에 '시를 짓는 세계주의자'로 알려진 세비야 소왕국의
알 무타미드 왕이 1080년에 구궁전의 옆에 '축복의 알카사

◆
알 라흐만 3세 시대에
지어진 성벽의 잔해

◆
이슬람 소왕국 시대의
건물

르'란 이름의 궁전을 건축하였다.

종교적으로 관대하였고 전투도 잘하고 시도 잘 지었던 다재다능한 인물이었던 그는 전설적인 로맨스의 주인공이기도 하였다. 이야기인즉 어느 날 그는 과달키비르강 언저리를 산책하다가 바람이 불어 강에 비친 햇살이 흔들리는 모습을 보고 문득 시상이 떠올라 시를 읊었다고 한다. "바람은 물속에서 갑옷을 만들고" 그런데 그 뒤에 나와야 할 구절이 떠오르지 않아서 난처해하고 있을 때 어디선가 "그 물이 언다면 얼마나 강한 갑옷이 될까" 하는 여자의 고운 목소리가 들렸다. 돌아보니 참으로 아름다운 여자가 빨래를 하고 있었다. 노예의 신분이었던 그녀와 사랑에 빠진 알 무타미드 왕은 주변의 반대에도 불구하고 그녀와 결혼하여 그녀를 왕비로 만들었고 진실한 사랑을 오래 나누었다.[6] 이 스토리는 창녀 출신으로 비잔틴 제국 유스티니아누스 황제와 결혼한 테오도라 황후의 이야기만큼 전설적인 로맨스였다. 사랑에는 국경도 없다는데, 귀천이 어디 있으랴. 이 세상에서 가장 신비하고 불가사의한 것이 남녀의 애정이 아닐까. 마음의 끌림에는 공식이 없고 법칙도 없기 때문일 것이다. 그래서 운명이라고밖에는 달리 설명할 방법이 없다. '인연이 바로 운명이다'라는 말이 그래서 나온 것이 아닐까. 10년 후에 알 무타미드 왕이 북아프리카로 망명하기 직전에 궁전의 한쪽 벽에 이런 시를 새겨 넣었다.

"아침에 우리는 만났다.

이별을 위해.

알카사르 마당에

깃발이 흔들린다.

예쁜 말들이 다가온다.

아타발(작은 북)에서

시끄러운 소리가 울린다.

이별의 신호들이 다가온다."[7]

기독교 왕국의 공격을 막기 위해 북아프리카의 이슬람 근본주의 세력인 알모라비데족을 안달루시아로 끌어들인 어리석은 행위를 한 그는 훗날 그들에 의해 제거된 불운한 군주였다.[8] 정치판에서 감상적인 인간은 살아남지 못한다는 세상의 이치를 보여준 하나의 사례였다.

1147년에 북아프리카로부터 들어와서 안달루시아를 재통일한 알모아데족은 세비야를 수도로 정하고 알카사르에 새로운 궁전을 지었다. 이 궁전은 '계약의 궁전'이라 불리었고 '계약관'과 '계약의 정원'으로 이루어진 아름다운 건축물이다. 그런데 실제로 가서 보니, 우리가 영상으로 보았던 계약의 정원 모습이 조금 달라서 의아스러웠다. 왜 그럴까? 생각하던 중에 갑자기 의문이 풀렸다. 우리는 반대편의 모습만 보고 있었던 것이었다. 양쪽에서 다 보아야 하는데, 한쪽 편으로만 보았으니, 이상한 것이 당연하지 않겠는가.

◆
계약의 궁전

◆
무데하르 양식의
페드로 궁전

　　1248년에 카스티야 왕국이 세비야를 무슬림으로부터
되찾은 후에 카스티야의 국왕들이 바뀔 때마다 새로운 궁전
을 짓거나 기존의 궁전을 변경하였다. 특히 카스티야 국왕
페드로는 1364년부터 이슬람 건축의 잔해 위에 새로운 페드
로 궁전을 건축하였는데, 이는 기독교도 지배하에 출현했지
만 이슬람 양식의 영향을 받은 무데하르 건축의 최고 모범
이 되었다. 이 건축을 위하여 그는 당대에 명성을 날리고 있
던 무슬림 예술가와 수공업자들을 그라나다로부터 초빙하였
다.[9] 한편 합스부르크 왕가 출신의 카를로스 1세와 펠리페 2
세가 무데하르 양식과 대조되는 고딕 양식과 르네상스 양식
의 건물을 짓기도 하였다.[10]
　　알카사르의 정원은 19세기 낭만주의 시대까지도 계속
확장되었다. 식민지에서 가져온 열대성 나무가 심어진 정원

◆
페드로 궁전
내부와 천장

◆
르네상스 양식의 건물

◆ ◆
정원

은 이국적인 아름다움을 과시하고 있다.[11] 알카사르는 웅장한 궁전이라기보다는 아기자기하고 알차면서 예술성이 높은 공간이라는 느낌을 준다. 또한 다양한 양식의 아름다운 건축물들이 함께 어울리면서 기묘한 동거 생활을 하는 듯하다. 이곳만 관람해도 파란만장했던 안달루시아의 역사를 알 것 같았다. 그만큼 역사성과 예술성이 함께 배어있는 감명 깊은 장소였다.

알카사르를 나오면 매머드 석조 건물이 눈앞에 출현하

는데 이것이 바로 그 유명한 세비야 대성당이다. 이 건물은 무슬림이 차지하였던 세비야를 기독교도가 재정복하면서 탄생한 최고의 건축적 업적으로서 오늘날 세비야를 상징하는 아이콘이 되었다. 그 규모로 인하여 서구 건축사에서 명성을 누리고 있는 이 건물은 서유럽의 다른 지역에 있는 고딕 양식과는 조금 다른 스페인 고딕 양식이다. 동시대에 이탈리아에서 유행했던 르네상스 양식이 아닌 고딕 양식을 채택한 것은 기독교도 재정복의 의미를 부각하기 위함인 듯하다. 사실 가톨릭 성당의 참맛은 고딕이 아니던가.

2 세비야 대성당(Sevilla Cathedral)

◆
세비야 대성당의
전경

세비야 대성당은 스페인에서 가장 큰 고딕 양식의 성당
이면서 세계에서 가장 큰 성당 중의 하나이다. 건물의 길이
는 115m, 폭은 76m 그리고 높이는 중앙 회중석까지 42m에
이른다.[12]

지금의 그 자리에는 원래 1147년에 북아프리카에서 건
너와서 안달루시아를 재통일한 알모아데족에 의해 1184년
에 완공된 커다란 모스크가 있었다. 그러나 기독교 연합군의
공격으로 그 모스크의 운명은 바뀌고 만다. 1246년에 로마
교황은 카스티야 왕국의 페르난도 3세(재위 1217-1252)에게

세비야를 공격하라는 칙령을 내렸다. 교황의 명으로 프랑스, 독일, 이탈리아는 페르난도 3세에게 군대와 전쟁비용을 지원했다.[13] 당시 세비야는 알모아데족의 수도로서 안달루시아 이슬람 세력의 핵심거점이었기 때문이다. 마침내 1248년에 기독교 연합군이 세비야를 정복하면서 그 도시는 카스티야 왕국에 속하게 되었고 그 건물은 'Santa Maria la Mayor(산타 마리아 라 마요르)'라는 이름을 가진 성당으로 사용되었다. 그러나 훗날에 그 건물은 부서져버렸고, 그 잔해 위에 1401년부터 1519년까지 백년 이상 걸려서 고딕 양식의 세비야 대성당이 건축되었다.

"고딕 양식의 특징은 무엇인가요?"

"고딕 양식은 이전의 로마네스크 양식에 비해서 건물이 높고 뾰족한 첨탑을 세웠으며 큰 창을 스테인드글라스로 처리하여 채광을 강화했어. 건물의 하중은 주로 외벽에 실리기 때문에 외벽을 보강하기 위하여 건물 밖에 버트레스(부벽)라고 하는 버팀 벽을 대었고. 실내에서는 리브(rib)라고 하는 아치형 구조물이 천장을 받치고 있는데, 천장의 하중은 리브를 거쳐서 내부의 기둥에 전달되고 기둥은 밖에서는 보이지 않았지."

"고딕이란 말이 고트족이라는 말에서 나왔다는 이야기를 들은 적이 있어요."

◆
대성당의 내부

"르네상스 시대에 피렌체의 예술가 바사리가 고딕은
고트에서 나온 말이라고 했지만, 그것은 르네상스 양
식을 사랑했던 그가 고딕 양식을 비하하기 위해서 한
말인 듯해. 고대 로마 제국을 침략한 게르만계 야만족
인 고트족처럼 흉측하다는 뜻으로 한 말이지만 그것
은 바사리의 생각일 뿐이야."

　내부에 있는 르네상스 양식의 예배당인 'Capilla Mayor'
는 스페인 최고의 목판 조각을 품고 있는 세계에서 가장 큰
제단 벽으로 유명하다. 이 목판 조각은 1482-1564년에 제작
된 것으로 높이가 23m 그리고 폭은 20m에 이른다.[14]
　성당의 예배당(Capilla)을 성당에 부속된 다른 건물로 생
각하고 부속 건물을 찾아서 한참을 헤매던 중에 이전에 우리

◆
대성당의
외부 형태

가 여러 번 무심코 지나쳤던 본당의 중앙 제단 맞은편에 있는 방이 'Capilla Mayor'라는 것을 알게 되었을 때는 기쁨보나 허탈감이 먼저 엄습하였다. '무식이 죄'였다는 생각이 스치는 순간이었다. 어쨌든 이 방은 고딕 성당 안에서 특별한 아름다움을 간직한 장소이다.

세비야 대성당 내부의 명물로서 콜럼버스의 관을 들 수 있다. 이 관이 유명한 것은 단지 아메리카 대륙의 발견자인 콜럼버스(1450-1506)라는 인물이 유명해서일 뿐만 아니라, 그의 유골이 들어 있는 관을 스페인의 카스티야, 레온, 아라곤, 나바라의 네 명의 왕이 들고 있는 특이한 형태 때문이다.

사연인즉, 그의 강력한 후원자였던 카스티야의 이사벨라 여왕이 죽고 나서 그녀의 남편인 아라곤의 국왕 페르난도 2세가 원래 콜럼버스가 받기로 했던 신대륙에서 발생한 수입의 10퍼센트를 주지 않자 콜럼버스는 1506년 사망할 때 다음과 같은 유언을 남겼다.

"내 시신은 신대륙에 묻어라. 내가 다시는 이곳 스페인
 의 땅을 밟지 않게 하라."[15]

그의 후손들은 그의 유해를 스페인에서 신대륙으로 옮겼다. 이후 도미니카공화국과 쿠바를 전전하던 그의 유골은 350년 만에 스페인으로 돌아오게 되었다. 그런데 콜럼버스가 다시는 스페인 땅을 밟지 않게 하라는 유언을 남겼기 때문에 그의 유골이 든 관이 땅에 닿지 않게 설계된 것이었다.

◆
콜럼버스의 관

콜럼버스의 입장에서는 약속을 지키지 않는 페르난도 2세
의 행위가 괘심했겠지만, 신대륙에서 원주민에게 저지른 악
행을 생각하면 콜럼버스는 큰 처벌을 받아야 마땅했다. 남의
눈에 있는 티끌은 보여도 자기 눈에 있는 티끌은 보이지 않
는 것이었던가.

우람한 세비야 대성당을 보고 나오면 다른 석조 건물들은 꼬맹이로 보인다. 엄청난 공사비를 쓰면서 이렇게 큰 건물을 지을 필요가 있었나 하는 생각이 저절로 들기도 한다. 나름대로 예술성을 창조해 보려고 했던 노력이 보이기는 하지만 그 거대한 규모에 눌려서 눈에 들어오지 않는 것이 사실이다. 상대적으로 규모는 작지만 역사성과 예술성이 뛰어난 알카사르를 마주 보면서 세비야 구시가지의 한복판에서 조화의 현장을 창조한 공로는 인정받을 만하다.

세비야 대성당을 찾아온 관광객들에게 그 옆에 있는 높은 종탑은 단지 흔히 그렇듯이 성당에 부속된 종탑이라고 생각되기 쉽다. 탑이 높기는 하지만 성당이 워낙 크니까 탑도 그럴 것이라고 생각하는 것은 인지상정이다. 하지만 이 탑은 성당에 부속된 그저 그런 종탑이 아니라 특별한 의미를 가진 건축물로서 이 지역의 파란만장한 역사를 보여주는 증거물이다.

1147년에 북아프리카에서 넘어와서 안달루시아를 재통일하고 세비야에 수도를 두었던 이슬람 근본주의자 알모아데족은 그들의 위대함을 알리기 위해 세비야에 그들의 기술력을 발휘한 건축물들을 지었다. 특히 세비야에 큰 모스크를 지으면서 그 옆에 세운 첨탑인 히랄다 탑은 지금까지 남아있는 이슬람 건축의 최고 작품 중의 하나이다.

◆
히랄다 탑의
전경

1196년에 완성된 히랄다 탑은 82m 높이로 당시 이집트
기자에 있는 피라미드를 제외하고는 세계에서 가장 높은 건

축물이 되었다.

    고대 로마 시대의 건축물에서 석재를 가져다가 기초 부
분과 윗부분으로 사용하고 나머지 부분은 구운 벽돌로 지어
졌다. 훗날인 1248년에 세비야가 기독교 왕국에게 재정복된

뒤에 모스크가 부서지고 그 자리에 세비야 대성당이 들어섰기 때문에 결국 이 탑은 대성당의 종탑이 되었다.

1568년에 르네상스 양식으로 32m 높이의 증축이 이루어져서 종루가 구운 벽돌로 지어진 종탑이 세워졌다.

종탑의 꼭대기에는 1566-1568년에 만들어진 3.5m 높이의 청동상이 있다. 'Giraldillo'라고 불리는 그 청동상은 한 손에 종려나무 가지를 들고 있고 다른 한 손으로는 끝부분이 십자가 형태로 된 전쟁 깃발을 들고 있는 여성을 형상화하였다. 아마도 안달루시아에서 기독교도의 재정복을 기념하는 듯하다.[16]

1248년에 카스티야 왕국의 페르난도 3세가 세비야를 함락하고 알모아데족과 항복협정을 맺을 때 알모아데족은 이슬람의 건축 유산인 히랄다 탑을 기독교도에게 넘겨주는 것이 싫어서 히랄다 탑을 자신들이 부수고 가겠다고 말하였다. 하지만 페르난도 3세의 아들인 알폰소 10세가 이에 반대하여 만약 히랄다 탑의 벽돌 하나라도 없어진다면, 세비야에 있는 모든 무슬림의 목을 베어 버리겠다고 하였다. 그러자 이에 놀란 알모아데족은 히랄다 탑을 고스란히 넘겨주었다고 한다.[17]

히랄다 탑은 알모아데족 건축사에서 기념비적인 작품일 뿐만 아니라 동시에 알모아데족 전성기의 권세를 보여주는 건축물이기도 하다. 또한 스페인의 모든 성당 종탑을 능가하는 뛰어난 탑이다.[18]

이 세상에는 나라를 잃어버렸거나 또는 나라를 만들지

못해서 여러 나라에 흩어져 살아가거나 떠돌아다니는 민족들이 많이 있었다. 하지만 그들 중에서 세계사에 두드러진 자취를 남긴 뛰어난 민족은 보기 힘들다. 사실상 유대인을 제외하면 전무후무하다고 할 수 있다. 유대인은 혈통을 기준으로 가장 많은 노벨상 수상자를 배출하였으며 전 세계의 금융가를 지배하고 있다. 하지만 그들의 역사는 박해로 인한 피와 눈물의 역사였다.

로마 제국 속주 시절부터 이베리아반도에는 많은 유대인이 살았다. 사연인즉 70년에 로마 군단이 예루살렘에서 반란을 일으킨 유대인을 진압하고는 그들을 예루살렘에서 추방하여 로마 제국의 다른 지역으로 이주시켰다. 이후로 수만 명의 유대인이 이베리아반도에 정착하였다. 세비야에서도 오랜 세월 동안 많은 유대인이 살았지만 지금은 희미한 흔적만 남아 있다.

세비야의
유대인 거리

세비야 구시가지의 대성당 출구에서 마주 보이는 골목을 따라가다 보면 중세 시대에 유대인들이 몰려 살았던 산타크루스 지역이 나온다. 유대인들이 이 지역을 떠난 지 이미 오래되었기에 대부분의 사람들은 이곳이 중세에 유대인 거주 지역이었음을 모르고 있다.

서로마 제국의 속주 시대에 이곳에 정착했던 유대인은 서고트족이 이베리아반도를 차지하게 되면서 박해받기 시작하였다. 유대인은 기독교로의 개종을 거부하고 자기들만의 폐쇄적인 인간관계를 고집했을 뿐만 아니라 고리대금업으로 부를 쌓았기 때문이다. 유대인이 소유하고 있던 많은 땅과 노예가 반유대주의의 불쏘시개가 되었고 또한 서고트족 왕과 귀족의 탐욕을 자극하기도 하였다. 서고트 왕국의 마지막 시기에 유대인에 대한 박해는 정점에 이르렀는데, 그 내용을 보면 강압적인 개종, 개종을 거부하는 유대인의 강제 추방, 재산 몰수 등이었다.

서고트족에게 박해받던 유대인은 아랍인에게 도움을 요청하게 되었다. 유대인 공동체가 북아프리카에서 무슬림과 은밀한 만남을 가졌고, 그 후로 유대인은 서고트 왕국의 내부 사정을 무슬림에게 상세하게 알려주는 등 무슬림의 이베리아반도 침략을 적극적으로 도왔다.

"스페인의 유대인들이 아랍인을 해방자로 여겼다는 것
  은 의심할 여지가 없다."[19]

무슬림의 정복과 함께 유대인은 황금기를 맞았다. 그들은 먼저 정복과정에서 앞잡이로 활약했으며 훗날에는 국가 고위직에 진출하기도 했고 전문직에서 뛰어난 활약을 보였다. 특히 행정, 외교, 의료 분야에서 두각을 나타냈다.

그러나 유대인의 좋은 시절은 기독교 왕국의 재정복으로 인하여 끝장났고, 그들은 박해받는 신세로 전락했다. 재정복 직후에 기독교도들은 유대인들이 보유하고 있던 지식과 기술을 필요로 했기에 유대인들을 중용하였다. 그러나 세월이 흘러서 기독교도들이 지식과 기술을 흡수한 뒤로는 유대인들을 노골적으로 박해하였다. 심지어 1348년에 유럽 전역을 습격한 페스트가 스페인을 뒤덮었을 때 기독교인들은 그 불행을 유대인 탓으로 돌리며 유대인을 희생양으로 삼아서 학살했다. 당시에 기독교도들은 유대인들이 기독교도들을 죽이기 위해 식수에다 독을 탔다고 누명을 씌웠다.[20]

최악의 박해는 1391년 6월에 발생했던 세비야 대학살이다. 기독교도 폭도들이 유대인 거주 지역에 난입하여 노약자와 어린아이까지도 구별하지 않고 4천 명의 유대인을 학살하였다. 세비야에 살고 있던 유대인 전체의 약 80%가 살해된 것이다. 게다가 그 후 100년 가까운 세월이 흘러 1478년에 세비야에서 시행된 종교재판에서 허위로 기독교로 개종한 유대인들이 잡혀 와서 사형을 당했고 그들의 전 재산은 몰수되었다.[21]

결국 살아남은 유대인들은 공포에 떨면서 이 지역을 떠나 버렸다. 근대의 역사가인 카멘은 대략 4만에서 8만 명의 유대인이 스페인을 떠나 이민한 것으로 추산하였다.[22]

"유럽 전역에서 발생한 유대인 박해의 근본 원인은 무엇일까요?"

"표면적으로는 그들이 유대교를 믿고 기독교로 개종을 안 했기 때문이라고 하지만 속내는 달라. 아마도 질투심이 크게 작용한 듯해. 그들이 유능하고 부유했기 때

문이지. '굴러 온 돌이 박힌 돌을 빼낸다'는 말처럼 그
들은 평균적인 유럽인들보다 잘 살았고 두뇌가 우수
했거든."

본시 이기적이고 탐욕적인 인간은 자신보다 유능하거
나 많은 것을 가진 사람을 보면 질투심이라는 마음의 병을
얻게 된다. 질투심으로 인간의 감정이 뒤틀리면 악행이 발생
한다. 중국에서 당송팔대가 중의 한 명으로 북송 시대의 대
문호였던 소동파는 그토록 고결하고 소박한 인품에도 불구
하고 모함을 받아 투옥되고 유배가기를 셀 수가 없었다. 북
송 시대의 문인 중에서 유배 횟수로 최고봉이었던 사람이었
다. 언젠가 사람들이 그 연유를 소동파의 동생 소철에게 물
었더니 그의 대답은 너무도 단순 솔직하였다.

"동파가 무슨 죄가 있겠어요? 그저 이름이 너무 높기
때문이지요."[23]

그래서 사람은 많이 가질수록 더욱 자신을 낮추고 남에
게 베풀어서 타인의 질투를 받지 않도록 해야 한다. 중국 춘
추 시대의 인물인 범려는 천만금을 모았지만 타인에게 크게
베풀어서 세상의 인심을 얻었고 자신도 행복한 생애를 보냈
다. 빌 게이츠나 워렌 버핏 같은 세계 최고의 부호들도 재산
을 사회에 기증하여 존경을 받고 있다. 과연 누가 이들의 부
를 질투할 것인가.

유대인 문제는 현대 사회에서도 해결되지 못한 문제이다. 단지 이전과 달라진 것은 과거에는 유럽에서 박해받았던 그들이 지금은 중동 지역에서 타민족을 박해하는 입장으로 바뀌었다는 사실이다. 2차 대전 이후로 유대인의 본거지는 유럽에서 미국으로 바뀌었다. 미국의 금융시장에서 막대한 자금을 만지작거리며 부를 축적한 그들이 미국 정부의 중동 정책에 영향력을 행사하면서 중동 지역에서 아랍인들을 상대로 불의

를 자행하고 있다. 그들의 행위를 볼 때마다 결국 인류 사회에서 정의와 불의는 힘의 문제였던가 하는 생각을 억누를 수가 없다. 세계화 예찬이 울려 퍼지는 요즘 세상에서도 국제 사회를 지배하는 것이 약육강식의 정글의 법칙일 수밖에 없

다면 진정한 의미의 세계화는 요원하지 않을까.

근대 스페인은 15세기 말 콜럼버스의 신대륙 발견 이후 그곳에서 들어오는 부를 기반으로 황금시대를 맞이하였다. 그 시절에 과달키비르강은 신대륙의 황금을 실은 배가 닻을 내리는 황금의 강이었다. 과달키비르 강변은 멋진 건물들과 아열대성 나무가 줄지어 있는 아름다운 장소이다. 단지 지금은 해운으로의 명성은 사라져서 한적한 분위기를 풍기고 있지만, 매력적인 강변의 산책로는 시민들과 여행객들에게 사랑받는 장소이다. 그리고 바로 그곳에 세비야의 명물인 '황금의 탑'이 금색 지붕을 자랑하며 강물을 내려다보고 서 있다.

◆
과달키비르강과
황금의 탑

특별한 장식도 없고 형태가 빼어나지도 않았다. 해가
질 때면 전체가 황금빛에 물이 든다.[24]

　황금의 탑은 무슬림 알모아데족이 1220-1221년에 과달
키비르 강변에 군사적인 목적으로 세운 건축물로서 당시에
는 지금과 같은 삼단 형태가 아니었고 첫 번째 단만 있었다.
　1248년 카스티야 왕국의 페르난도 3세는 알모아데족의
수도인 세비야를 공격했지만 성벽이 워낙 견고하고 무슬림
들의 저항이 완강하여 쉽게 함락하지 못하고 있었다. 뛰어난
지휘관이었던 페르난도 3세는 알모아데족의 사기를 꺾어서
그들이 항복하도록 하기 위해 지략을 짜내고 있었다. 당시에

알모아데족은 과달키비
르강의 황금의 탑 옆에
있는 배다리를 통해 세
비야로 물자를 공급받고
있었다. 페르난도 3세는
그 배다리를 파괴해서

◆
배다리가 있던
자리에 건설된 다리

세비야로 들어가는 물자 공급을 막으려고 했지만 알모아데
족이 그 다리를 필사적으로 지키고 있었기 때문에 뾰족한 방
법이 떠오르지 않았다. 페르난도 3세가 답답한 마음을 달래
기 위해 강가에서 바람을 맞고 서 있던 중에 갑자기 좋은 생
각이 번쩍 그의 머리에서 떠올랐다. 그는 당시 강한 바람이
카스티야 군영에서 배다리 방향으로 부는 것을 포착하고는
병사들에게 큰 배 두 척에 돌을 가득 실어서 강에 띄울 것을
명령했다. 돌을 가득 실어서 무거워진 배 두 척이 돛을 올리
자 강한 바람을 맞으며 무서운 속도로 떠내려가서 배다리에
충돌하여 배다리를 연결한 사슬을 끊어 버렸다. 결국 배다리
는 파괴되었고 세비야의 알모아데족은 보급을 받지 못하게
되면서 전의를 상실하고 항복을 하고 말았다.

또한 황금의 탑은 정적을 처단하는 무서운 장소이기도
했다. 1353년 카스티야 왕국의 페드로 왕은 자신의 정적인
구스만 가문이 일으킨 반란을 진압한 후에 그들을 황금의 탑
에서 처형하였다.[25]

16세기에 신대륙으로부터 들어오는 금과 은의 유입으
로 번영을 누렸던 세비야에서 강가에 서 있는 황금의 탑이야

◆
선박 정비소

말로 배에 실린 막대한 부의 첫 번째 목격자가 되었을 것이다. 황금의 탑이란 그 이름이 첨탑 마지막 층의 지붕 색상이 황금빛이라는 데서 유래했는지 아니면 황금의 목격자임을 의미했는지는 명확하게 알려져 있지 않다.

황금의 탑 조금 아래로는 16세기 세비야의 번영기에 배를 정박시키고 정비와 수리를 했던 제법 규모가 큰 건물이 남아 있다.

언뜻 보면 어떤 용도의 건물인지 알기가 어렵지만 내부를 살짝 들여다보면 이곳이 선박 정비소였음을 추측할 수 있다.

우리들의 안달루시아 타임머신 여행길의 종점은 마지막 이슬람 왕조가 번영했던 그라나다였다. 세비야를 떠나 장거리 고속버스를 타고 약 3시간 동안 그라나다로 달려갔던 우리의 마음은 설렘으로 가득하였다. 스페인에 남아 있는 이슬람 문명의 유산 중에서 최고의 작품이 바로 그라나다에 있기 때문이다.

◆
세비야에서
그라나다로 가는 길

넓은 평야에 둘러싸인 세비야를 떠나 그라나다로 가다
보면 점차 건조한 산악지역이 눈에 띈다. 버스 창밖으로 보
이는 풍경은 올리브, 포도, 오렌지 나무로 뒤덮인 전원의 모
습이었다. 세비야가 기독교 왕국에 정복된 1248년 이후로
수많은 무슬림과 유대인이 고향을 떠나 이 길을 따라 새로운
보금자리를 찾아서 그라나다로 향하였다. 마차와 손수레에
짐을 가득 싣고 가족의 손을 잡고 고행의 길을 떠난 그들은
그라나다에 정착하여 새로운 삶을 일구었다.

　그라나다는 지중해와 그리 멀리 않은 곳에 있지만 이베
리아반도에서 가장 높은 시에라네바다산맥에 가로 막혀서
바다가 전혀 느껴지지 않는다. 고온 건조한 기후로 말미암
아 이곳의 경치는 유럽적이라기보다는 북아프리카를 연상
시킨다.

4 | 그라나다 탐방

이베리아반도에서 마지막으로 이슬람 문명이 약 250년
간 활짝 꽃을 피운 그라나다는 무슬림과 유대인이 섞여
서 함께 살아갔으며 종교의 다양성이 인정되었던 개방
적인 사회였다.

그라나다의 매력은 자연과 문명의 어울림에 있다. 눈
쌓인 시에라네바다산맥을 먼 배경으로 하고 있는 그라나다
는 평지와 언덕이 함께 하면서 건축물들이 조화롭게 들어선
모습이다. 평지로만 이루어진 세비야와 비교하자면 언덕에
집들이 들어선 그라나다는 아기자기한 재미가 두드러진다.

◆
그라나다의 전경

기독교 연합군과 무슬림 군대 사이에 운명을 건 한판 승부가 1212년에 하엔 지방에서 벌어졌다. 여기서 기독교 연합군이 승리하여 이후 무슬림 알모아데 왕조의 세력이 급속히 약화되면서 이슬람 소왕국들이 할거하는 시대로 다시 돌아갔다. 이 시대에 나사르 가문의 무함마드 이븐 아흐마르는 흩어진 이슬람 세력을 모아서 남쪽으로 이동하여 1238년에 그라나다를 정복하고 그곳에 나사르 왕국을 세웠다. 그라나다로 오기 전에 그는 잘 알려지지 않은 인물이었으며 단지 기독교 군대와 싸우는 작은 무슬림 집단의 지도자였다고 한다. 그러나 그는 기회주의자였으며 기업가정신이 투철하고 정치적으로 유능한 인물이었다.[1]

안달루시아의 이슬람 소왕국들이 기독교 왕국들에게 정복되어 가면서 많은 무슬림들이 나사르 왕국의 수도인 그라나다로 몰려들었고, 이로 인해 그라나다는 인구가 많은 도시가 되었다.

이 도시는 무슬림과 유대인이 섞여서 함께 살아가면서 동일한 언어를 사용하는 문화적인 공동체였다. 이곳의 사람들은 외국인과 다른 문명에 대해서 기본적으로 개방적이었다. 이러한 개방성으로 말미암아 그라나다는 경제적으로 번영했고 이곳의 예술과 공예는 명성을 얻었다. 그라나다의 예술가와 장인들은 빈번히 기독교 왕국들로 초빙되어 실력을 발휘하기도 했다. 예술의 세계에서 또는 국왕들의 화려한 삶에 있어서 종교적 차이는 아무런 문제가 되지 않았다.[2]

그러나 이베리아반도에 남아 있던 무슬림의 마지막 거점인 나사르 왕국도 점차 종말을 향해 가고 있었다. 북아프리카의 무슬림들과 동맹을 맺고 기독교 왕국들에 맞서 전쟁을 하기도 하였고, 때로는 그들과 외교 관계를 통해서 생존의 길을 모색했지만 파국을 막을 수는 없었다. 두 기독교 왕국(카스티야, 아라곤)과의 전쟁에서 나사르 왕국은 점점 수세에 몰렸다. 마침내 1492년 1월 2일 카스티야의 이사벨 여왕과 아라곤의 페르난도 2세 부부는 나사르의 마지막 국왕 보압딜의 항복을 받고 알람브라에 입성하였다. 보압딜은 알람브라 성문의 열쇠를 페르난도 2세에게 넘겨주었고, 그는 그 열쇠를 이사벨 여왕에게 주었다. 그리고 그녀는 그 열쇠를 다시 그들의 후계자인 후안 왕자에게 전달했다.[3] 그러나 그 열쇠를 넘겨준 자와 넘겨받은 자 모두는 불행한 사람이 되었다. 후안은 단명하여 보위에 오르지 못하였다. 한편 보압딜은 항복한 후 눈물을 뿌리며 그라나다를 떠나서 북아프리카로 망명의 길을 떠났다. 자신의 아버지를 배반하고 쿠데타를 일으킨 불효자요, 적군과 결탁하여 자국을 폐허로

◆
그라나다의 항복
출처: 위키백과

◆
그라나다
구시가지

◆
그라나다 대성당

만든 매국노이자 배신을 밥 먹듯이 했던 인간 말종은 결국 비참한 최후를 맞이하였다.

기독교 왕국의 재정복과 함께 안달루시아에서 종교적 다양성은 종말을 고하였다. 기독교 왕국 스페인에서 유대인 과 무슬림은 가톨릭으로 개종을 하든지 아니면 스페인을 떠나야 했기 때문이다. 이러한 종교적 불관용성은 근대 스페인의 문명발전에 큰 장애가 되었다. 스페인에서 가장 우수한 인재들이 해외로 방출되었기 때문이다.[4] 허위로 가톨릭으로 개종을 하고 스페인에서 계속 살아갔던 유대인과 무슬림들은 1478-1530년 사이에 종교재판을 받고 약 2천 명이 처

형당했다.[5] 종교재판으로 죽어간 수많은 무고한 사람들의 무덤 위에서 특정 종교의 가치를 아무리 강조하여도 인권 유린의 죄악을 정당화할 수는 없다. 박애와 자비보다 더 위대한 가치를 가진 이념은 이 세상에 없기 때문이다. 종교의 진정한 존재 의미란 바로 이것이 아닐까.

기독교 왕국의 재정복과 함께 그라나다에도 대성당이 새로이 건설되었다. 그라나다 대성당은 후기 고딕 양식의 석조 건물로서 무슬림의 도시 그라나다가 기독교도의 도시가 되었음을 알리기에 충분한 규모와 미(美)를 과시하고 있다. 그러나 오늘날 관광지로서 그라나다의 명성이 무슬림의 도시에서 오는 것을 이 성당도 막을 수는 없었다.

나사르 왕국은 대략 250년간 유럽의 대지 위에서 마지막 이슬람 문명을 꽃피우고 사라졌다. 왕국은 사라졌지만 찬란했던 문명의 자취는 아직도 남아서 전 세계 여행객들의 발길을 끌어당기고 있다. 테너 호세 카레라스의 애창곡 〈그라나다〉를 듣고 있으면 이 도시의 독특한 낭만과 멋이 느껴진다.

이곳의 멋이란 자연과 문명 그리고 인간의 정열이라는 물감이 섞여서 캔버스에 그려진 그림이다. 오늘날 스페인에 남아 있는 이슬람 문명의 자취 중에서 가장 큰 매력을 발산

하고 있는 곳이 바로 그라나다이다.

　언제였던가 생애에 반드시 그라나다를 가보겠다고 결심했을 때 내 눈앞에는 황혼에 물든 알람브라의 사진이 있었다. 그 후 서적을 통해 알람브라는 이슬람 건축과 예술의 결정체라는 사실을 알게 되었다. 그리고 알람브라에 대한 나의 동경은 결국 '백문이 불여일견'이라는 격언을 실현하듯이 그라나다로의 여행을 이끌고 말았다.

◆
그라나다의
자연환경

◆
알람브라의 전경

◆
망루

　　기독교 세력에 함락되어 가던 무슬림들이 시시각각 다
가오는 최후를 눈앞에 두고 유언장을 쓰듯 비감한 손길로 빚
어낸 이슬람 문화의 결정체가 바로 이 알람브라 궁전이다.[6]

나사르 왕조의 창업자인 무함마드 이븐 아흐마르가 처음 그라나다에 왔을 때 지금의 알람브라 자리에는 소왕국 시대에 그라나다를 통치한 이슬람 왕조가 절벽에 세운 요새가 있었다. 무함마드는 기독교 왕국들의 공격으로부터 그의 일족을 보호하기 위하여 요새를 지을 장소를 찾고 있었던 중에 시에라네바다산맥을 뒤로 두고 있는 이곳이 가장 적합하다고 생각하였다고 한다. 알람브라(Alhambra)는 아랍어로 '붉은 성'이란 뜻인데, 성벽의 색이 붉은 것은 성벽을 지을 때 붉은색의 점토에 모래와 자갈을 섞어서 물에 개어 오늘날의 콘크리트 건물처럼 세웠기 때문이다.

알람브라는 성벽과 궁전 및 정원으로 구성되어 있는데 그 안에서 왕족 이외에도 관리, 군인, 하인, 상인 및 중요한 수공업자 등 여러 부류의 사람들 약 5천 명이 거주하여 작은 도시의 형태를 이루었다. 성벽 안쪽의 면적은 대략 길이가 740m 그리고 폭은 가장 넓은 곳이 약 220m이다.[7] 알람브라는 요새와 호화로운 궁전을 결합한 특별한 형태의 건축물이었다. 이런 유형의 건축물은 이슬람 건축 전부를 뒤져봐도 이곳에서 유일하다.

요새의 역할을 수행한 것은 4층 건물의 구조로 이루어진 거대한 독립된 망루들이었다. 망루의 내부는 기둥 위에 아치를 올리고 아치가 천장을 받치는 구조였다. 무함마드는 3개의 망루를 건설하고 망루 사이를 성벽으로 연결하였다. 결국 알람브라의 외형은 요새화된 망루들 사이를 연결한 성벽이 도시를 둘러싸고 있는 형상이었다. 붉은 점토 콘크리

◆
북쪽 성벽의 망루

트로 만들어진 망루가 물에 침식되는 것을 막기 위해 석회와 모래를 물에 개어 표면에 발랐다. 그래서 흰색을 띤 망루는 견고해졌다. 무함마드는 이 망루에 올라서 자신의 왕국을 조망하면서 생각에 잠기고는 했다. 한편으로 그는 자신이 이룬 업적과 왕이라는 지위에 내심 감격했을 것이다. 동시에 다른 한편에서는 점점 조여드는 기독교 왕국들의 공세에서 어떻게 왕국을 지킬 것인가 하는 생각이 떠나지 않았을 터였다. 어쨌든 그의 생애에 그의 왕국은 번영하였으니 편안히 눈을 감았으리라.

알람브라의 망루 중에서 가장 규모가 큰 것은 14세기 전반에 건설된 북쪽 성벽에 있는 45m 높이의 망루이다. 유수프 1세가 세운 이 망루는 외적의 침략에 대비한 방어 시설

◆ 성벽

정의의 방

이었으면서 동시에 백성들에게 자신의 권세와 위대함을 광고하는 수단이기도 했다.[8]

알람브라의 예술적 가치와 명성을 끌어올린 것은 아름다운 궁전이었다. 무함마드가 최초의 궁전을 지은 후 그의 뒤를 이어서 등극한 국왕들이 새로운 궁전을 갖기 원했기 때문에 여러 궁전이 약 150년 동안 건축되었다. 특히 유수프 1세와 무함마드 5세가 알람브라 궁전을 완성시켜나갔다.

유수프 1세가 건축한 대궁전의 아치 출입문을 지나 궁전의 중심부를 들어서면 '정의의 방'이 나온다. '정의의 방' 벽면은 적색, 황금색 타일이 붙여진 무늬가 있는데, 알라의 위대함을 기리는 내용을 아랍어 서예체로 표현하고 있다.[9] 천장에는 삼나무 목재로 만들어진 800개의 타일로 구성된 모자이크가 이슬람 세계의 우주관을 표현하고 있다.[10] 알람브라에 큰 자취를 남긴 유수프 1세는 1354년 10월 23일 기도

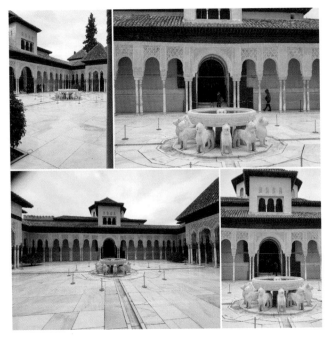

중에 정신이상 증세를 보였던 노예에게 피살되어 36세의 나
이로 세상을 떠났다.

　그의 뒤를 이은 무함마드 5세는 알람브라에 가장 큰 유
산을 남겼다. 그의 치세에 만들어진 최고의 건축이자 알람브
라에서 가장 경이로운 장소로 평가되는 곳은 '사자의 정원'이
라고 불리었다. 이곳은 왕과 그의 처첩들만이 출입했던 궁전
의 가장 은밀한 장소였다. 정원 한가운데 12마리의 사자상이
떠받치고 있는 분수가 있고 사자들의 입을 통해 물이 뿜어지
고 있다. 유대인들이 왕에게 바친 이 사자상은 당시 그라나

다에 살던 유대인 12지파를 상징한다고 한다. 분수의 끝부분
에는 이런 시구가 써져 있다.

> "이 정원의 아름다움을 보고 있는 그 눈은 축복받은 것
> 이다."[11]

정원 주위를 둘러싼 건물은 모두 124개의 돌기둥이 하
늘을 떠받치고 있는데, 그 안에 있는 수많은 방에는 모두 32
명이나 되는 왕의 처첩이 살았다고 한다. 그 방들 중에서 가
장 아름다운 방은 천장이 23m로 높고 스테인드글라스로 빛
이 들어온다. 그리고 여기에 이슬람 예술의 극치를 보여주는
벌집모양을 한 석고조각이 천장을 뒤덮고 있다.

이 석고 천장이 창문을 통해 들어온 햇빛에 반사되어
은은한 자수정색을 연출해내면 꼭 종유석 동굴천장을 보는
것 같은 착각이 일어난다. 무함마드 5세가 건축한 이 건물은
공간적으로 복잡할 뿐만 아니라 사치스럽고 또한 기하학적
이며 순수한 이슬람 양식이다. 석고 천장에는 이국적인 염료
를 사용하여 그림이 그려졌는데 이 중에서 아프가니스탄에
서 수입된 청색 염료는 가격이 그 무게만큼의 순금과 같았다
고 한다. 이곳은 안달루시아 이슬람 예술의 최고봉으로 평가
되고 있다.[12]

석고 천장은 최음제와 같은 환각적 효과로써 성적 쾌락
을 극치로 끌어올리려고 했던 것이 아니었을까 하는 느낌을
주었다. 아니면 그라나다가 처해 있던 어려운 상황에서 군주

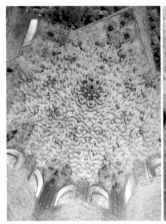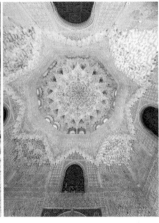

가 잠시 세상을 잊게 하려고 몽롱한 분위기를 창조했을 수도 있다. 사자의 정원 뒤편에 있는 후원은 자그마하지만 느긋하고 평화로우며 동시에 은밀함이 느껴지는 공간이다. 이곳에서도 역시 남녀가 연애하기에 적당한 분위기가 느껴진다.

알람브라를 건설할 때에 가장 고심했던 부분은 물의 공급이었다. 성벽 안으로 물을 공급하기 위하여 인근의 강물을 알람브라에서 6km 떨어진 높은 곳에 건설된 댐으로 끌어들이고 그 물을 다시 인공 수로를 이용하여 알람브라 안으로 흘러들어가게 하였다. 이 물로 알람브라에 거주하는 사람들이 생활을 영유했을 뿐만 아니라 아름다운 정원들을 만들 수 있었다.

특히 헤네랄리페 정원에는 길쭉한 직사각형 모양의 아름다운 인공 연못이 있는데, 연못 가운데 분수가 줄지어 서 있고 그 주위에 온갖 종류의 꽃과 나무들이 가득하다. 왕의

◆
사자의 정원
뒤편의 후원

헤네랄리페 정원과
여름궁전

여름궁전이 둘러싸고 있는 정원의 전경은 흔히 '알라의 선물'이라고 칭송된다.[13] 무어인들의 정원에서 물이 강조되고 있는 것은 그들의 조상이 오랜 세월 동안 건조한 지역에서 살았기 때문이리라. 흐르는 물에 대한 그들의 동경은 이베리아반도에서도 계속되었던 것이다.

알람브라 성벽 안으로 들어온 물은 계속해서 성안에서 흐르도록 설계되어 있었고 그래서 알람브라의 정원에서 흐르는 물은 항상 신선했다. 물론 홍수로 인하여 범람할 경우에는 물을 성벽 밖으로 빼낼 수 있는 장치도 마련되어 있었다.[14]

우리가 이슬람 궁전을 관람하고 있을 때 현지 안내원이 배낭을 앞으로 메어달라고 요청을 하였다. 그때는 소매치기를 주의하라는 것으로 알았는데, 사실은 궁전 관람 중에 배낭이 기둥이나 벽면에 부딪치는 것을 막기 위함이었다. 위대한 유산을 보존하기 위해서는 그만큼 세심한 관리도 필요한 것 같다.

"알람브라의 예술적인 특징은 무엇이죠?"

"알람브라는 기본적으로 이슬람 문명의 후예로서 그 독
창성과 경이로운 아름다움은 당대 서유럽의 다른 지역
에는 존재하지 않는 놀라운 경지에 도달해 있었어. 특
히 알람브라의 건축에서 느껴지는 따스한 아름다움은
서구 기독교 세계의 석조 건물에서 느껴지는 차가움과
는 대조되는 또 다른 매력이라고 할 수 있지."

기독교도의 재정복은 알람브라에 깊은 흔적을 남겼다.
정복자들이 궁전을 개조하기 시작한 것이었다. 흰 빛깔의 도
료가 사용되었고 도금과 회화 작업도 이 시기에 이루어졌
다.[15] 이사벨 여왕의 손자인 카를로스 1세는 기독교도의 승
리를 기념하기 위하여 몇 개의 건물을 신축했는데 교회와 수
도원 그리고 궁전이었다. 그중에서 뛰어난 건물은 대칭성이
강하면서 내부에 원형의 중정이 있는 르네상스 양식의 2층
건물인 거대한 궁전이다.

한때 카를로스 1세는 행정 수도를 그라나다로 옮길 생
각을 하였고 그래서 1527년에 이 궁전의 건축을 시작하였
다. 그러나 그의 생각이 바뀌면서 궁전은 완성되지 못하였
다. 이 건물은 20세기에 들어서야 완공되었고 1958년 이후
로는 박물관과 예배당으로 사용되고 있다.[16] 이 건물의 설계
자인 페드로 마추카는 이탈리아에서 미켈란젤로와 라파엘로
에게 배웠다고 전해진다. 카를로스 1세는 알람브라에 새로
운 건물들을 지어서 이슬람 양식을 제압하려했던 것은 아니
었고 단지 새로운 조화를 시도했을 뿐이었다.[17]

카를로스 1세
출처: 위키백과

그러나 아쉽게도 카를로스 1세가 건축을 시작한 르네상스 양식의 궁전은 이슬람 궁전에 비하면 형편없는 대접을 받고 있다. 이슬람 궁전은 입장료가 약 15유로 정도가 되도 관람객의 인파로 늘 붐비는데, 반면에 르네상스 궁전은 입장료가 전혀 없어서 공짜 관람을 할 수 있는데도 관람객이 한산하다.

카를로스 1세(1500-1558)는 스페인 카스티야 왕가와 오스트리아 합스부르크 왕가의 피를 함께 물려받아 신성로마제국의 황제(카를 5세)와 스페인 국왕(카를로스 1세)을 겸직했던 당대 유럽 최고의 군주요 행운아였다. 카스티야 왕국과 아라곤 왕국을 모두 물려받아 통일 왕국 스페인을 통치한 최초의 국왕도 바로 그였다. 물론 군주로서 그의 명칭이 두 개나 되는 바람에 역사 공부를 하고 이곳을 방문한 한국인 관광객이 혼동으로 인하여 카를로스 5세라고 말한 것도 충분히 이해가 된다.

그가 알람브라에 자신의 새 궁전을 지으려고 했던 이유는 무엇이었을까. 그 역시 알람브라의 매력에 흠뻑 빠져 정신이 혼미해진 것이 아닐까. 그러다가 어느 날 문득 정신을 차려 통치자로 돌아가 보니 스페인의 최남단에 있는 그라나다가 수도로서 적합지 않다는 것을 발견했으리라. 알람브라의 매력은 그토록 명석한 통치자였던 카를로스 1세의 정신

카를로스의 궁전

을 한동안 뺏었던 것이었다. 오랜 재위 기간 동안 온갖 부귀
와 영광을 누린 그는 마지막에는 모든 권력을 내려놓고 수도
원에 들어가서 생애를 마쳤다. 젊음의 미덕이 꿈을 추구하는
것이라면 노후의 미덕은 내려놓는 것임을 그는 실제로 보여
주었다.

　　석양에 물든 알람브라는 장관이었다. 자연과 인간의 작
품이 어울려서 창조하는 아름다움의 극치였다. 프랑스의 문
호 알렉산더 뒤마는 알람브라를 둘러보고는 "내 인생에 하나
더 남은 기쁨이 있다면 다시 한번 이곳을 보는 것이다"[18]라는
말을 남겼다고 한다.

◆
석양에 물든
알람브라

128

우리는 석양에 물든 알람브라를 보기 위해 좁고 꼬불꼬불한 언덕길을 마냥 올라가서 맞은편 언덕인 성 니콜라스 전망대에서 약 2시간 동안 추위에 떨면서 석양을 기다렸다. 혹시나 구름이 석양을 가릴까봐 초조한 마음에 숱하게 하늘을 쳐다보면서. 결국 만족할 만한 석양은 나타나지 않았지만 조금은 붉게 물든 알람브라를 사진에 담고는 스스로를 위로할 수밖에 없었다. "월척은 못되어도 준척은 잡지 않았는가?" 이 사진을 준척으로 인정해 주시는 것은 독자들의 몫이라고 생각하면서 언덕을 내려왔다.

5 | 안달루시아를 떠나며

　　문명이란 역사의 나무에서 익어가는 과일이다. 유럽에
위치해 있으면서도 비유럽적인 안달루시아 문명이 출현한
사연도 이곳의 파란만장한 역사였다. 그렇기에 우리의 안달
루시아 문명 탐방은 타임머신을 타고 돌아다녔던 역사 여행
이었다. 곳곳에 남아 있는 문명의 유산들은 우리의 여행길을
알려주는 이정표가 되어 주었다. 또한 그 길은 어둠에 싸인
이 지역의 문명 형성 과정을 밝혀주는 등불이 되었다. 우리
는 메스키타를 보면서 스페인 이슬람 문명의 뿌리를 보았고,
세비야 대성당을 마주하고는 기독교도의 재정복을 떠올렸으
며 알람브라를 관람하면서 마지막 이슬람 왕조의 번영과 종
말을 알 수 있었다.

　번영했던 이슬람 왕국이 사라지고 기독교 왕국이 그 자리를 대신했지만 그로 인해 이 지역의 문명이 단절과 새 출발을 겪은 것은 아니었다. 그보다는 차라리 옛것과 새것이 융합의 과정을 거쳤다고 하는 편이 옳을 듯하다.

　기독교 왕국에 재정복된 12세기의 톨레도에서는 기독교도, 무슬림 및 유대인 지식인들이 모여들어서 종교의 벽을 뛰어넘어 전 세계의 서적들을 번역하고 다양한 학문을 연구하였다.

　이 시절에 아랍어에서 라틴어로 번역되어 출간된 서적들이 훗날 서유럽의 르네상스에 영향을 주었다. 그중에서 대표적인 것이 바로 아리스토텔레스의 철학이었다.[1] 바티칸 궁전 벽화로서 라파엘로의 대표작 중의 하나인 〈아테네학당〉에는 고대 그리스의 철학을 이탈리아에 전해준 사람이 바로 톨레도에서 온 무슬림 학자임을 암시하기 위하여 그림의 왼쪽 아래에 아랍인의 형상을 그려 넣었다.

　문명은 스스로 화학적 결합의 과정을 겪는다. 단지 세월의 힘이 필요할 뿐이다. 세월은 갈등과 투쟁의 상처를 봉

◆
아테네학당

합하고 치유하기 때문이다. 결국 오늘날 안달루시아는 종교
적 갈등의 상처를 치유하고 문명의 용광로가 되어서 독특한
매력을 뿜어내고 있다. 그것이 바로 안달루시아가 전 세계인
의 발길을 끌어당기는 이유이기도 하다.

　　우리는 안달루시아에서의 여정을 마치고는 조금은 홀
가분한 마음으로 거리의 카페에서 술잔을 들었다. 생각해보
니 고되기는 했지만 꿈같은 날들이었다. 머나먼 극동에서 찾
아 온 여행객에게 이곳의 풍경은 너무도 이국적이었고 사람
사는 모습은 너무도 달랐다. 일상이 투쟁인 한국 사회와 비
교해 보면 이곳 사람들의 삶은 참으로 여유롭고 낭만적이다.
우리의 눈에 비친 이곳 사람들은 욕망을 채워서 행복하려기
보다는 자족으로 행복을 느끼는 것 같았다. 그들은 매일매일
살아있음을 기뻐하면서 남국의 낭만에 젖어 있는 듯하다. 어

차피 인생이란 한 편
의 꿈이 아니던가.

안달루시아에서의
마지막 밤

문명의 용광로를
찾아 떠나는 우리의
발길이 다시 향했던
곳은 스페인에서 멀
리 떨어진 동방의 도시 콘스탄티노플, 즉 오늘날 터키공화국
의 최대 도시 이스탄불이었다. 천년 비잔틴 제국의 수도로서
'동방 정교'의 중심지였던 이곳을 정복한 오스만 제국이 기독
교 문명의 대지에 이슬람 문명이라는 건물을 지었다. 이제
우리는 동방에서 발생한 문명의 결합을 보기 위해 설레는 마
음을 안고 비행기에 올랐다. 얼마나 오랜 세월을 오직 사진
과 서적으로만 사귀어 왔던 그리운 도시 이스탄불이었던가.

마드리드에서 이스탄불까지 약 3시간 반의 비행은 지
중해를 서쪽에서 동쪽으로 횡단하는 여정이었다. 지중해 연
안은 서구 문명의 뿌리인 고대 그리스 로마 문명이 출현했던
지역이고, 또한 기독교 및 이슬람 문명이 꽃을 피운 곳이다.
이와 함께 수많은 종족들의 흥망성쇠가 서려있는 역사적인
장소이기도 하다. 그중에서도 이스탄불이야말로 바로 지중
해 문명의 총아이면서 파란만장했던 영욕의 역사가 펼쳐졌
던 곳이다. 너무도 현대적인 이스탄불 공항 청사를 빠져나와
공항버스를 타고 40-50분간 달리면 그토록 보고 싶었던 고
대와 중세의 비잔틴 제국 그리고 근대의 오스만 제국이 눈앞
에 펼쳐진다.

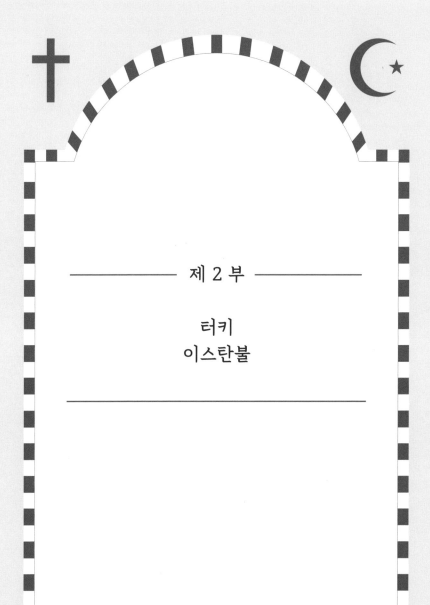

제 2 부

터키
이스탄불

대제국의 중심지이자 수도로서 천혜의 조건을 갖춘 북
위 41도에 위치한 이 제도(帝都)는 그 일곱 언덕 위에서
유럽과 아시아의 두 해안을 굽어보았고, 온난한 기후와
비옥한 토지, 넓고 안전한 항구를 가지고 있었을 뿐 아
니라 대륙에서 접근하는 길은 몹시 협소하여 방어하기
가 쉬웠다.[1]

이스탄불의 구시가지에 있는 어느 자그마한 호텔에서
첫날밤을 설친 이른 아침에 침대에 누워 그날의 일정을 생각
하고 있는데, 어디선가 아침 수탉이 우는 듯 시끄러운 외침
소리가 들렸다. 가만히 들어보니 코란을 암송하는 소리 같았

다. 귀에 거슬리는 소음이었지만 그 바람에 비로소 우리가 무슬림의 도시에 와 있다는 것을 실감하게 되었다. 나중에 알게 되었지만 그 소리는 도처에 널려 있는 모스크 첨탑의 스피커에서 울려 퍼지는 것이었다. 이국적인 것을 즐김이 여행의 맛이라 생각하니 그 소리가 더 이상 귀에 거슬리지 않게 되었다.

사실 이스탄불은 무슬림이 정복하기 이전에도 장구한 역사와 천 개의 얼굴을 가진 도시였다. 이 도시는 고대 그리스의 식민 도시 비잔티움에서 시작하여 로마 제국과 비잔틴 제국의 수도 콘스탄티노플로 그리고 다시 오스만 제국의 수도 이스탄불로 여인이 옷을 갈아입고 화장을 새로 하듯이 변신하였다. 두 번이나 대제국의 수도를 하였으니 커다란 몸집을 가진 것은 당연하지만, 전환기마다 새로운 문명의 중심지로 거듭나면서 불사조의 변신을 하여 결국 문명의 용광로가 되었다. 유구한 역사와 함께 오늘날 복합 문화적 국제도시로서 볼 것 많고 생기 넘치는 매력이 세계인의 발걸음을 끌어당기고 있다.

1 | 세계인의 도시 이스탄불

이곳에서 신과 인간 그리고 자연과 예술이 어울려 세상
에서 가장 아름다운 전경을 창조하였다.[2]

유럽과 아시아의 경계에 세워진 이스탄불은 천혜의 아
름다움에 더하여 뛰어난 지리적 이점을 가진 도시이다. 세계
에서 유일하게 두 대륙에 걸쳐 놓여있는 도시로서 동서양의
교차로이고 동시에 흑해와 지중해를 연결하는 보스포루스
해협을 끼고 있어서 오랜 옛날부터 교역의 중심지였다. 오래
전부터 이런 말이 전해 내려왔다.

"보스포루스 해협을 지배하는 자가 아시아와 유럽 간
의 무역을 지배한다."[3]

보스포루스 해협은 오늘날에도 세계에서 선박들이 가
장 많이 지나다니는 해로로 손꼽힌다. 이곳에는 유럽과 아
시아를 연결하는 긴 다리가 있어서 언뜻 보면 해협이 아니라
큰 강처럼 보이기도 한다.
  이 해협의 탄생과 관련된 믿거나 말거나 한 이야기가
있다. 원래 민물 호수였던 흑해는 지중해와 분리되어 있었는
데 지금으로부터 대략 7천 년 전에 소아시아 지역에서 발생
한 대홍수로 인하여 흑해의 물이 넘쳐서 지중해와의 사이에
서 장벽의 역할을 하고 있던 암석을 무너트리고 지중해의 짠
물과 합쳐졌고 이때 보스포루스 해협이 탄생했다. 일부 학자

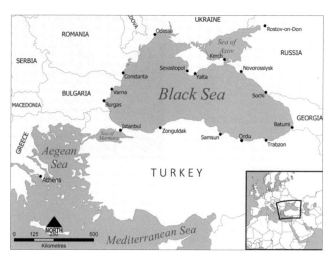

◆
혹해
출처: 위키백과

들은 구약 성경에 나오는 노아의 방주 이야기가 이때의 대홍
수를 묘사한 것이 아닐까 추측하고 있다.[4] 전설 속의 트로이
가 슐리만에 의해서 사실로 밝혀진 것처럼 성경 속의 우화가
사실일 수도 있다는 말이 된다.

　이스탄불은 동서양의 모든 종족들과 그들의 문명이 자
연스럽게 만나서 쉽게 어울릴 수 있는 곳이기에 세계 지배의
야망을 품고 있던 나폴레옹은 이렇게 말했다고 한다.

　　"만약 지구상의 모든 나라가 하나로 통일된다면 이스
　　탄불이 그 수도가 될 것이다."[5]

　이스탄불은 지정학적인 이유로 인하여 '첩보의 도시'
이기도 하였다. 15-17세기에는 당대 최고의 첩보 국가였던

베네치아가 이 도시에서 첩
보 활동을 활발히 전개했
다. 오스만 제국과 서유럽
국가들 사이에 군사적 대립
이 첨예했던 시절이었기 때
문이다.[6] 또한 2차 대전 이
후 도래한 동서 냉전의 시

대에도 첩보전이 치열하게 펼쳐졌다. 1963년에 개봉된 007
시리즈로 숀 코너리가 주연한 〈007 위기일발(From Russia with
Love)〉은 이 시대의 이스탄불에서 벌어진 첩보전을 묘사하여
히트를 쳤다.

오늘날에는 공식적으로 인구 1,400만(비공식적으로는
1,700만)과 전 세계에서 찾아오는 연간 천만 명의 관광객이
뒤섞여서 분출되는 생기와 함께 사해동포주의가 넘치는 국
제도시가 되었다. 장엄한 하기아 소피아 성당과 그에 질세라
마주 보고 서 있는 블루 모스크처럼 기독교 문명과 이슬람
문명이 함께 어울려서 독특한 이스탄불 문명을 창조하였다.
천혜의 경치와 어우러진 수많은 유적으로 인하여 문명의 보
고이면서 동시에 세속에 지친 몸과 마음을 쉬게 하는 휴양지
이기도 하다. 그러나 이곳은 고요한 휴양지가 아니라 전 세
계에서 찾아온 사람들이 시끌벅적하게 함께 어울리면서 지
겨운 일상을 잊어버리는 그런 도시이다.

이 도시의 역사는 장구하고 찬란하였다. 고대 그리스의
식민 도시 비잔티움에서 출발하여 로마 제국의 한 작은 도시

가 되었다가 324년에 콘스탄티누스 대제에 의해 로마 제국의 수도가 되어 콘스탄티노플이라는 이름으로 발전하였다. 395년에 로마 제국이 공식적으로 동·서로 분리된 후에는 동로마 제국(비잔틴 제국)의 수도로서 천년이 넘는 세월 동안 정치, 종교, 경제의 중심지로 번영하였다. 그래서 "콘스탄티노플은 비잔틴 제국의 수도가 아니라 비잔틴 제국 그 자체였다"[7]는 말이 나오기도 하였다. 이 도시가 보유한 엄청난 부로 인하여 '중세의 보물창고'라고 불리기도 했으며, 찬란한 비잔틴 문명을 창조하여 유럽과 중동의 전 지역으로 전파하기도 하였다. 중세 유럽에서 비잔틴 스타일은 최고로 세련된 문화 양식이고 생활 방식으로 뭇사람들의 동경의 대상이었다. 또한 콘스탄티노플이 오랫동안 이슬람 세력의 공격을 막아 준 방패 역할을 했기에 중세 유럽의 기독교 사회가 존립할 수 있었다. 이런 점에서 유럽 기독교 사회는 콘스탄티노플에 큰 빚을 지고 있다. 그러나 근대의 여명기인 1453년에 콘스탄티노플은 오스만 제국에 정복되어 이스탄불이라는 새로운 이름으로 문명의 용광로가 되었다.

2 | 비잔틴 문명의 콘스탄티노플

세계적 도시이자 거대한 제국의 수도인 콘스탄티노플
은 많은 외국인을 유혹하였다. 그 부와 사치는 자발적
이든 강제적이든 이 도시를 방문하는 이들을 열광케 하
였다.[1]

로마 제국의 새 수도 콘스탄티노플을 건설한 로마 황제
콘스탄티누스 1세(재위 306-337)는 흔히 대제로 불린다. 그는
275년에 발칸반도 지금의 세르비아에서 태어났다. 그의 아
버지는 귀족 출신으로 로마군 장교였고, 그의 어머니는 해방
된 노예의 자손으로 알려져 있다. 그는 어려서부터 검술과

철학을 배웠으며 성장하면서 야심과
정치적 수완을 키웠다. 로마군 장교로
서 승진을 거듭하던 콘스탄티누스의
아버지는 마침내 디오클레티아누스
황제가 고안한 제국 4분할 통치 시대
에 서부 지역을 통치하는 부황제(4명의

◆
콘스탄티누스
대제

황제 중 1인)가 되었고 사후에 그 자리를 아들인 콘스탄티누스
가 물려받았다. 이후 콘스탄티누스는 오늘날 서부 독일의 트
리어에 머물며 통치하였다. 야심가였던 그는 얼마 후에 서부
지역의 정황제로서 로마에서 통치하고 있던 (그의 처남) 막센
티우스를 치기 위하여 군대를 몰고 알프스를 넘어서 이탈리
아로 갔다. 그리고 312년 로마에서 30km 떨어진 곳에서 벌
어진 그 유명한 '밀비우스 다리 전투'에서 막센티우스의 군대
를 격파하고 서부 지역의 단독 황제가 되었다. [2]

콘스탄티누스 대제가 기독교를 공인하게 된 연유는 바
로 312년 10월 27일 막센티우스와 대결한 '밀비우스 다리 전
투'에서 발생하였다. 당시에 객관적인 전력으로는 막센티우
스 쪽의 병력이 두 배 정도 많은 상태였다. 그러나 콘스탄티
누스는 "이 표지로써 승리하리라"라고 쓰여 있는 불타는 십
자가를 하늘에서 보았고, 같은 날 밤에 잠을 자고 있는 동안
어떤 목소리가 그의 귀에 속삭이면서 군대의 방패에 십자가
를 그려 넣도록 권하였다. 다음날 새벽에 콘스탄티누스는 명
령을 내려 군기 대신에 예수를 상징하는 문자들과 십자가가
그려진 로마 제국의 군기를 사용하도록 명령했다고 한다. 그

덕분이었는지 콘스탄티누스는 극적인 승리를 거두었고 이에 보답하듯이 313년에 밀라노 칙령에 의해 기독교인들에게 신앙의 자유를 주었다.[3]

콘스탄티누스는 자신의 절대 권력에 장해물이 된 부인과 장남을 죽일 만큼 절대 권력과 영광에 대한 끝없는 욕망을 가진 사람이었다. 역사가들이 흔히 그를 최초의 기독교인 로마 황제라고 부르지만 그가 실제로 기독교 신앙을 갖고 있었는지는 명확하지 않다. 아마도 그에게 있어서 기독교는 자신의 욕망을 채워 줄 수단이었을 것이다. 그는 제국의 황제이면서 동시에 급속히 세력이 커지고 있던 기독교 교회의 최고 수장이 되었기 때문이다.[4] 또 다른 추론으로써 콘스탄티누스가 신의 가호를 받는 황제가 되고 싶어 했다는 이야기도 있다.[5]

나는 콘스탄티누스의 개종에 대하여 의문을 갖고 있었기에 많은 역사책을 읽고 숙고한 끝에 이런 결론에 도달했다. '영리하고 권력욕이 매우 강했던 콘스탄티누스는 당시에 분열되고 갈등이 심했던 로마 사회를 기독교라는 하나의 이념으로 통합한 후에 자신은 그 이념의 수호자로서 전 국민이 복종하는 절대 권위를 가지려 하였다. 즉 그의 개종은 종교적 확신보다는 정치적인 계산에 의한 것이다.'

죽은 지 오랜 된 콘스탄티누스가 무덤에서 내 이야기를 듣고 고개를 끄덕일지는 모를 일이다. 어차피 역사 공부는 추론하는 재미로 하는 것이 아닌가. 어쨌든 콘스탄티누스 대제가 죽기 직전에는 기독교 신앙을 갖게 된 것이 확실해 보인다. 337년의 봄날에 그는 몸 상태가 좋지 않았기에 온천으

로 요양을 떠났고 돌아오던 길에 죽음이 임박했음을 느끼고
동반한 한 주교로부터 세례를 받았다.

"오랫동안 기다려왔던 때가 찾아왔다. 영원한 생명을
약속해 주는 구원의 의례를 지금 받겠다."6

처자식을 죽인 죄를 용서 받고 천국에 가기 위해서 그
런 것일까. 죽음이 임박하면 누구나 모든 욕망이 덧없음을
깨닫는다고 한다. 이때 찾는 것 중의 하나가 바로 신이 아니
던가. 신 앞에 자신을 맡기면서 마음의 평화를 얻는 것이다.

그의 최고 업적 중의 하나인 콘스탄티노플 건설에는 숨
은 사연이 있었다. 사연인즉 디오클레티아누스 황제가 고안
한 4분할 통치제도로 인하여 출현하게 된 4명의 황제들이 통
합 챔피언 자리를 차지하기 위해 서로 싸우게 된 것이었다.
그리고 최종적으로 서부 지역 챔피언 콘스탄티누스와 동부
지역 챔피언 리키니우스가 통합 타이틀전을 치르게 되었다.
324년에 리키니우스의 군대를 뒤쫓던 콘스탄티누스는 아시
아와 유럽의 경계에 위치한 보스포루스 해협이 바라다보이
는 도시 비잔티움을 공격했다. 그리고 그는 이 전투에서 비
잔티움을 함락하고 아시아로 진격하여 결국 리키니우스로부
터 항복을 받아내고 통합 황제가 되었다. 이 시절에 콘스탄
티누스는 비잔티움의 매력을 알게 되었고 수도로 삼기로 결
정하였다. 그리고 6년간의 건설기간이 지난 후인 330년에
수도를 옮기는 기념식이 거행되었다. 그는 리키니우스와의

전쟁 시에 비잔티움을 공격하기 위하여 자신의 군대가 진을 쳤던 구시가지의 언덕에 콘스탄티누스 광장을 만들었다.

그리고 이 광장에 로마 황제를 상징하는 색깔인 자주색의 기둥을 세우고 그 위에 자신의 청동상을 세웠다. 그 청동상은 지금은 없어지고 화재로 그을린 50m 높이의 둥근 기둥만 남아 있다.

콘스탄티누스 광장이라는 지명이 사용되지 않는 오늘날에는 이곳을 지도에서 찾기가 어렵다. 우리는 구시가지의 시장 근처를 지나다가 우연히 콘스탄티누스의 기둥을 발견하고는 너무도 기뻤다. 이와 함께 이 광장을 지나가는 사람들 중에 이곳이 콘스탄티누스 광장이라는 사실을 아는 사람은 몇 명이나 될까 하는 생각이 잠시 스쳤다. 언뜻 보면 장터 옆의 공터로 보이기 때문이다.

알려진 바에 의하면 사라진 청동상은 콘스탄티누스 대제를 피부에서 광채가 나는 태양신으로 묘사한 작품이었다고 한다.[7] 자신이 태양신임을 모든 콘스탄티노플 주민들에게 알리고 싶어서 그토록 높은 곳에 청동상을 세운 것을 보면 그가 진정으로 기독교 신앙을 갖지 않은 것으로 보인다. 신의 피조물이 스스로를 신이라고 내세우는 것이 기독교 교리에서 있을 수가 있는 말인가.

324년에 비잔티움을 방문한 콘스탄티누스는 자신의 신하들에게 도시의 건설계획을 설명하면서 창으로 바닥에 금을 그어서 도시의 경계를 표시했는데, 곁에 있던 신하들은 그 어마 어마한 규모에 놀랐다고 한다. 그는 새 수도에 로마를 재

현하려는 듯이 거대한 건축물들을 세웠지만 로마와는 다르게
기독교 정신이 배어있는 도시를 만들었다. 337년에 그가 사망
했을 때 도시는 계획된 것의 절반 정도가 완성되었다.[8]

콘스탄티누스가 이 도시에 건설한 것은 성벽, 왕궁, 공공건물, 광장, 성당, 목욕탕 정도였다. 새로 만든 성벽으로 도시가 몇 배 확장되기는 했지만 그 속의 내용물은 비어 있는 형국이었다. 콘스탄티누스 이후의 황제들은 콘스탄티노플에서 별로 머무르지 않았다가 테오도시우스 황제(재위 379-395)부터 이 도시에서 머물기 시작하였다. 이후로 이 도시에는 제국의 수도에 걸맞는 시설들이 갖추어지고 인구도 증가했다. 콘스탄티누스가 만든 성벽 안쪽은 시가지로 변했고 성벽 밖은 주거지가 되었다.[9] 5-6세기에 이탈리아의 로마가 게르만계 야만족들에게 여러 번 무자비한 공격을 당해 도시는 파괴되고 인구도 격감하였다. 반면에 동시대의 콘스탄티노플은 정치, 경제, 사회, 종교적 측면에서 비약적으로 발전하여 유럽 최고의 도시가 되었다.

미래를 보는 혜안을 가진 로마 귀족이라면 당연히 새로운 수도인 이곳으로 주거지를 옮겨서 부동산 가격 상승으로 대박을 쳤을 것이다. 1970년대 서울의 강북에서 강남으로 이주한 사람들의 경우처럼 되었을 테니까. 또한 어리석게도 계속해서 로마에 살았던 사람들이 겪게 될 불행도 피할 수 있었으니 일거양득이 바로 이것이 아니었을까.

삼각형에 가까운 모양으로 바다를 향해 삐쭉 튀어나온 반도 지형에 북쪽의 골든 혼만 방향으로는 가파르고 남쪽의 마르마라해 쪽으로는 완만한 경사를 이루고 있다. 왕궁, 전차경기장, 성당 등과 같은 중요한 건물들은 바다와 가까운 지역에 들어섰고 서쪽으로 육지와 연결되어 있는 도시의 배

후에서는 성벽이 도
시를 보호해주고 있
었다. 바다 쪽에서 바
라본 도시의 전경은
이랬다.

◆
바다 쪽에서 바라 본
구시가지

"콘스탄티노플에 도착한 여행자에게 해상 성벽은 12-15m
에 달하는 높이에도 불구하고 작게만 느껴진다. 왜냐하
면 그 뒤로 궁전, 대경기장 특히 교회의 둥근 지붕 그중
에서도 가장 높이 솟은 성 소피아 성당의 지붕 등, 거대
한 공공건물들이 자태를 드러내고 있기 때문이다." 10

395년에 로마 제국이 공식적으로 동서로 분리되면서 콘
스탄티노플은 동로마 제국의 수도가 되었다. 그리고 476년에
서로마 제국이 멸망하면서 동로마 제국은 고대 로마 제국의
계승자가 되었고 콘스탄티노플은 그 수도로서 명성을 누렸
다. 그러나 세월이 흐르면서 동로마 제국에서 점차 고대 로
마 문명의 자취는 사라져 갔고, 비잔틴 문명이라는 새로운
문명이 출현하였다. 비잔틴 문명은 고대 로마 문명에다가 그
리스 문명과 기독교가 결합된 독특한 모습으로 탄생하여 암
흑의 서유럽 중세 시대에 동방에서 찬란한 빛을 발하였다.

"비잔틴 문명은 언제나 동시대의 서유럽의 그것을 훨

씬 앞서 있었다."[11]

중세 암흑의 시대를 살아갔던 서구인들에게 비잔틴 제
국은 환상의 세계였다. 비잔틴 제국에는 별의별 물건이 다
있고 콘스탄티노플에서는 건물의 지붕이 황금 판으로 되어
있다는 소문이 서구인들 사이에서 회자되기도 하였다. 소문
이란 본시 한 입을 거칠 때마다 부풀려지는 경향이 있지 않
은가. 물론 비잔틴 제국이 무역과 생산을 통해 거대한 부를
이룬 것은 사실이었다. 특히 동방무역을 장악하여 큰 부를
이루었다. 당시 중국, 인도, 페르시아 등에서 오는 상품들은
주로 콘스탄티노플을 거쳐서 서유럽으로 이동하였다. 12세
기에 콘스탄티노플을 방문한 한 유대인 여행자는 이런 말을
했다.

"비잔티움 제국에 바쳐지는 조공이 해마다 쌓이는 이
곳이야말로 모든 도시의 여왕이다. 높이 치솟은 건물
마다 비단, 자줏빛 염료, 황금이 가득한 귀중한 창고
로 차고 넘친다."[12]

여기서 '조공'이란 상인들이 내는 세금을 의미한다. 당
시 유럽에서 가장 크고 최고로 부유한 도시였던 콘스탄티노
플은 전 세계에서 들어 온 물자와 사람이 범람하는 국제적인
도시였다. 특히 중국, 인도, 중앙아시아, 페르시아, 이집트
등지에서 오는 비단, 향료, 양탄자 등의 상품들이 보스포루

스 해협과 다르다넬스 해협을 통해 들어오면 수천 명의 관리들이 이 상품들의 무게와 품질을 검사하고 적정한 가격을 부여하였다.[13] 2004년에 이 도시의 구시가지 마르마라해 가까운 곳에서 지하철 공사를 하던 중에 엄청난 유적이 발견되었다. 그것은 바로 4세기에서 15세기 사이에 사용되었던 항만으로서 이곳에서 비교적 보존상태가 좋은 36척의 선박 잔해가 함께 발굴되었다. 이 항만은 대략 축구장 10개 크기의 면적으로 당시의 선박 크기를 감안하면 약 100척의 배가 정박할 수 있는 시설이었다. 중세 시대 유럽과 중동 지역의 그 어디에도 이에 비교될 만한 규모의 항만을 갖춘 도시는 존재하지 않았으니 그 시대 콘스탄티노플의 해상 무역이 어느 정도였을지는 짐작이 간다.[14]

게다가 비잔틴 제국은 고대로부터 물려받은 과학기술을 더욱 발전시켜서 온갖 공예품을 생산하였다. 심지어는 중국에서 수입되던 비단도 직접 생산하게 되었다. 비단은 중국의 서역지방에서 누에를 밀수하는 데 성공한 후에는 비잔틴 제국의 최고 상품이 되었다. 아름다운 견직물은 비잔틴 제국의 화려함을 상징하는 동시에 주변의 많은 종족들이 군침을 흘리는 물건이 되었다.[15]

비잔틴 문명이 고대 문명과 구별되는 가장 큰 문화적 특징은 기독교였다. '바른 신앙'이란 의미로 흔히 '정교'라고 불리어지는 비잔틴 제국의 기독교는 국가적 이념이고 국민적 정체성이었다. 이미 392년에 테오도시우스 1세가 기독교를 국교로 선포하면서 모든 이교 신앙을 배척했으며, 유스티니아누스 대제는 529년에 이교 철학의 최후의 아성이었던 아테네 아카데미를 폐쇄하였다.[16] 기독교는 비잔틴인의 정신 세계에 가장 큰 영향을 미쳤다.

> "사람들은 빵집 앞에 줄 서서 그리스도의 인성과 신성
>   의 관계를 논의해 왔다."[17]

451년 칼케돈 공의회에서는 '예수 그리스도는 완전한 인간이요, 완전한 하느님'이라고 고백하였다. 이로 인해 예수가 인성과 신성을 동시에 지닌 존재라는 이른바 양성론이 정통이 되었고, 반면에 예수의 인성 또는 신성만을 강조한 교파는 이단이 되었다. 보통 사람들이 듣기에는 무슨 큰 차이인가 싶은 이야기이지만 그 시대에는 이로 인해 목숨을 건 투쟁이 발생하기도 하였다. 6세기에 콘스탄티노플에서 주민들이 신학적 개념을 둘러싸고 논쟁했던 모습은 21세기의 선진국 대도시에서 시민들이 주식 시세나 부동산 가격을 두고 설왕설래하는 현상과 비슷했다는 이야기도 있다.[18]

콘스탄티노플에만 무려 500개가 넘는 성당이 있었을 만큼 기독교(정교)는 국민 대부분의 삶에 깊이 파고들었다.[19] 많은 기부금이 교회로 들어오면서 교회는 부유해졌고, 그래서 주교나 사제 같은 성직은 안락한 삶을 보장해주는 자리로 인식되었다.

> "종교 조직은 동서고금을 막론하고 부가 흘러들어가는

곳이다."[20]

비잔틴 제국에서 기독교는 또한 국가 권력과 결탁했다. 고대 로마 제국에서 황제 숭배를 격렬하게 반대했던 기독교는 비잔틴 제국에서는 황제 숭배를 옹호했다. 즉 '황제는 신으로부터 지상의 통치를 위임받은 신의 대행자'라는 논리가 정교의 이름으로 자리를 잡았다. 서유럽에서는 로마 교황이 지상에서 신의 대행자로 행세했던 것과는 대조된다. 로마 교황과 동급이라고 할 수 있는 콘스탄티노플 총대주교는 비잔틴 황제에 의해서 임명되는 사실상 신하에 불과하였다.

"콘스탄티노플의 총대주교는 그의 로마 동지(교황)가
세속적인 명성을 누린다고 비난하면서도 속으로는 부
러운 마음을 품었다."[21]

정교는 비잔틴 제국 최고의 문화적 수출품으로서 러시아, 세르비아, 불가리아 등 동유럽의 슬라브족 국가들로 퍼져 나가서 오늘날 대략 2억 4천만의 신자를 보유하고 있다.

세월이 흐를수록 비잔틴 제국에서 로마 문명의 색채는 옅어지고 그리스 문명이 강하게 채색되었다. 이와 함께 애초에 공용어였던

◆
정교의 예배
출처: 위키백과

156

로마인의 라틴어가 공식적으로도 점차 사용되지 않았고 그리스어로 대체되었다. 대략 6세기까지는 라틴어 그리고 7세기부터는 그리스어가 공용어로 사용되었다. 그래서 결국 그리스어는 대중적인 언어면서 동시에 공용어가 되었다. 고대 그리스의 문학 작품들은 교육과 교양에서 큰 비중을 차지하였다. 비잔틴 제국은 교양인의 나라였다. 귀족이나 성직자뿐만 아니라 평범한 사람들도 문학, 신학, 철학 등에서 동시대 다른 지역의 사람들에 비해 월등한 교양을 갖추었다. 특히 대부분이 문맹자였던 동시대 서구인과 비교하면 하늘과 땅의 차이였다.

> "아마도 콘스탄티노플 성벽 안에는 서방 여러 나라에 퍼져 있는 것보다도 더 많은 서적과 지식이 쌓여 있었을 것이다."[22]

비잔틴 제국에서 지식층이었던 귀족 출신의 관료들이나 진취적인 성직자들은 고대 그리스의 철학과 과학에 매료되어 탐구를 계속하였다.

> "비잔틴의 석학과 필경사가 없었다면, 그리고 책을 주문하는 이들의 책에 대한 열렬한 애정이 없었다면 고대 그리스의 유산은 우리에게 전해지지 않았을 것이다."[23]

◆ 비잔틴의 도서관
출처: 미셸 카플란, 비잔틴제국

비잔틴 제국이 품고 있던 거대한 지식과 서적은 1453년 오스만 제국의 콘스탄티노플 함락 이후에는 이탈리아로 옮겨져서 서유럽에서 르네상스의 불을 지폈다.

기독교와 그리스 문명은 비잔틴의 예술과 건축에 깊게 새겨졌다. 특히 모자이크는 유리 공예와 함께 발전한 예술로서 성당이나 왕궁 같은 중요한 건물들의 벽과 천장은 아름다운 모자이크 장식으로 더욱 빛났다.[*]

"비잔틴 문명에서 건축과 모자이크는 하나로 융합되었다."[24]

비잔틴 제국에서 성당을 건축할 때는 공사가 돔에 이르기 이전에 이미 전체 모자이크 장식 안이 만들어져 있었다.

---

[*] 모자이크를 만드는 방식은 먼저 벽면에 약 2.5cm 정도로 두껍게 석회반죽을 발라서 벽체 표면을 평평하게 한 뒤에 그 위에다가 다시 1.5cm 두께로 석회를 바르고 거기에다가 벽화의 밑그림을 그린다. 그리고 마지막으로 밑그림 위에 약 1.5cm 두께로 석회를 바르고 마르기 전에 유리나 천연석 모자이크 테세라(조각)를 거기에 묻는다.

◆
카리예 자미
현관과 본당

이는 건축은 그 내부에 당연히 이미지를 담고 있어야 한다고 생각했기 때문이었다.[25]

6세기에는 대략 25개의 색상으로 된 유리 테세라로 모자이크를 만들었는데 그중에서도 금색이 가장 중요한 역할을 하였다. 이는 당시 비잔틴 사람들이 금색이 천국을 가장 잘 표현한다고 믿었기 때문이다. 그래서 성당의 내부 치장에는 주로 금색이 사용되었다.

금색의 모자이크로 가장 유명한 곳은 이스탄불 구시가지의 외곽에 있는 미술관 '카리예 자미(kariye Djami)'이다. 이 건물의 규모는 크지 않지만 내부에 있는 모자이크는 아름다움의 극치로서 가히 비잔틴 예술의 정수라고 할 만하다. 이 세상에는 진주조개처럼 겉보다 속이 알찬 경우도 있는데, 이 건물이 이런 경우에 해당하는 것 같다. 구시가지 중심부에서 제법 떨어져 있어서 찾아가기가 조금 수고스럽기는 하지만

카리예 자미
모자이크

160

찾아온 보람을 충분히 느낄 수 있는 장소이다. 이 건물은 본시 12세기에 건설된 성당이었지만 1321년에 재건축되어 '코라 수도원'이라고 불리다가 지금은 터키어로 '카리에 자미'라고 하는 미술관이 되어 있다.

비교적 보존상태가 좋은 이 건물의 내부는 벽과 천장이 금색 모자이크로 덮여 있다. 여기에 있는 금색 모자이크는 비잔틴 제국의 쇠망기인 팔레올로고스 왕조 시대(1261-1453)에 출현한 비잔틴 르네상스 예술의 정수를 보여주고 있다.

◆
트립틱,
루브르박물관

출처: 존 로덴,
초기 그리스도교와
비잔틴 미술

9세기 이후 출현한 비잔틴 미술 중에서 가장 독특한 것은 상아로 만든 트립틱(삼연판)이다. 트립틱는 신도들이 기도하는 대상으로서 대부분이 제단에 사용되었다. 접혀진 날개부를 반쯤 열면 평면에 세울 수 있도록 만들어진 삼연판에는 주로 예수와 성인들이 조각되어 있다.

10세기에 제작된 상기의 트립틱에서 중앙 패널은 세례자 요한과 테오토코스가 옥좌에 오른 예수를 향해 기도하는 형상이다. 그리고 그 아래에는 5명의 사도들이 서 있다.[26] 우윳빛 상아에 새겨진 성상은 고급스러움과 신비함에 섬세한 묘사까지 나무랄 데 없는 뛰어난 작품이다.

비잔틴 문명에서 가장 찬란하게 빛났던 것은 건축이었다. 고대 로마 제국의 건축술을 물려받고 더욱 발전시켜 당

162

대 서유럽에서는 흉내도 내지 못할 뛰어난 건축물들을 세웠다. 흔히 비잔틴 양식이라고 불리는 건축 양식은 성당과 왕궁에서 발전되었는데, 돔과 모자이크 장식으로 우아하고 세련된 미(美)를 과시하였다. 둥근 돔 지붕은 천국을 상징하는 것으로서 성당 건물에 주로 사용되었다. 특히 정사각형 형태의 평면에 둥근 돔 지붕을 올리는 기술은 비잔틴 건축의 정수였다. 비잔틴 양식의 효시이자 최고의 건물로서 하기아 소피아 성당을 꼽는다면 이의를 제기할 사람은 거의 없을 듯하다.

우리들의 이스탄불 탐방이 하기아 소피아 성당에서 시작된 것은 너무도 당연한 수순이었다. 이 도시에서 가장 유명한 건물이었을 뿐만 아니라, 우리가 투숙한 호텔이 이 성당에서 엎드리면 코 닿을 위치에 있었기 때문이다. 하기아 소피아 광장에서 이 건물을 보고 느낀 첫 번째 소감은 '미와 기술의 결합'이었다. 그리고 건물의 내부로 들어가면서 우리를 사로잡은 것은 신비감이었다. 이렇게 감동을 주는 건물은 일찍이 본 적이 없었다.

하기아 소피아 성당은 비잔틴이라고 하는 새로운 문명
의 상징으로서 로마 제국의 황제 숭배, 그리스의 예술
그리고 기독교 신앙의 합성물이다.[27]

　　하기아 소피아 성당은 비잔틴 문명과 콘스탄티노플을
상징하는 대표적인 비잔틴 양식의 건물이다. 이 성당은 약
900년간 비잔틴 제국의 종교적·정치적 중심지였다. 이곳에
서는 종교적 행사뿐만 아니라 황제의 대관식, 승전기념식 및
외국사절 환영식 등이 열렸다. 대관식의 경우 콘스탄티노플
총대주교가 새 황제에게 왕관을 씌워주는 의식이 하기아 소
피아 성당에서 치러졌다.[28]
　　하기아 소피아 성당을 건축한 유스티니아누스 대제(재
위 527-565)는 482년에 발칸반도 북서부에서 라틴어를 사용
하는 로마 문명화된 농가에서 태어났다. 그는 20대의 나이
에 콘스탄티노플로 와서 그의 백부의 뒷배로 출세의 길을
걷게 되었다. 그의 백부 유스티누스는 원래 농민이었는데
군대에 들어가서 출세하였고 마침내 황제가 되었지만 자식
이 없었고 또한 문맹인이었다. 이로 인해 법학과 신학에 해
박한 지식인이었던 유스티니아누스는 황제인 백부의 총애
를 받았고 통치를 돕다가 마침내 백부의 뒤를 이어 527년에

◆
하기아 소피아
성당 전경

◆
황제의 대관식을 거
행했던 장소

황제가 되었다.

정력가이고 야망이 컸던 유스
티니아누스 대제는 게르만족이 차
지하고 있던 과거 서로마 제국의 영
토를 되찾기 위해 정복 전쟁을 일으
켜서 영토를 크게 넓혔다. 내정에
임해서는 로마법을 정리하여 비잔
틴 제국의 기본법인《유스티니아누
스 법전》을 편찬하였다.

◆
유스티니아누스 대제,
산비탈레 성당
출처: 위키백과

또한 그는 순애보로도 유명하다. 무희 출신 창녀였던
테오도라와 사랑에 빠져 결국에는 그녀를 황후로 만들어 주
었다. 영화나 소설거리가 될 만한 전설적인 이 이야기는 이
렇게 시작된다. 콘스탄티노플에서 맹수 조련사였던 한 사내
가 젊은 나이에 죽으면서 처와 세 딸을 남겨 놓았다. 불행 중
다행으로 미모를 타고난 그 딸들은 콘스탄티노플의 공적, 사
적인 유흥의 자리에 불려 다니면서 먹고 살았다. 그중에서도
가장 아름답고 게다가 관능적인 육체를 소유한 둘째 딸 테오
도라(훗날의 황후)는 춤과 연기를 하면서 뭇 남성들의 인기를
얻고 있었다. 좀 더 직설적으로 표현하자면 남자들은 그녀를
보면서 참을 수 없는 욕정을 느꼈다. 돈이 필요한 미녀와 욕
정을 참을 수 없는 남자들 사이에 발생한 거래는 누구나 상
상할 수 있는 것이리라. 셀 수 없이 많은 남자가 그녀와 추문
을 뿌렸다고 한다. 그 뒤 그녀는 방만한 생활에 실증을 느끼
고 한 남자를 따라 리비아로 갔지만 원래가 일부종사 팔자가

아니었는지 그 남자에게 버림을 받게 되었다. 그리하여 고향 콘스탄티노플로 돌아가는 긴 여행길에 올랐다. 배운 도둑질이라 여행경비를 마련하기 위해 그녀는 가는 곳마다 남자들에게 인기를 끌면서 그 노리개가 되었다. 이렇게 최악의 생활을 하던 그녀에게 어느 날 밤 현몽이 있었는데, 그녀가 점쟁이에게 가서 해몽을 부탁했더니 어이없게도 그 꿈은 황제의 부인이 될 거라는 계시였다. 행운이 눈앞에 다가온 것을 느낀 그녀는 당장 콘스탄티노플로 돌아왔다. 이후 그녀는 뛰어난 연기력을 발휘하여 조신하게 행동하면서 양털을 자아 생계를 유지하고 정절과 고독 속의 생활을 보냈다. 그러한 생활을 얼마 동안 했을 때 드디어 그녀의 미모는 당시 세도가였던 황제의 조카 유스티니아누스의 눈에 들어 그의 마음을 사로잡았다. 유스티니아누스는 그녀에게 많은 부를 나누어 주었고 나아가 그녀를 정식 아내로 삼으려 하였다. 하지만 그 시대에 비잔틴 제국에서는 귀족이 하층민 여성이나 유흥가의 여성과 결혼하는 것을 금지하는 제도가 있었다. 또한 유스티니아누스의 어머니와 당시 황후도 이 결혼에 반대를 했다. 그러나 세월이 흘러서 어머니와 황후가 죽고 또한 결혼을 금지하는 법률도 폐지되자, 유스티니아누스와 테오도라는 즉각 결혼하였다. 그리고 마침내 유스티누스 황제가 조카인 유스티니아누스에게 제위를 물려주자 테오도라는 황후가 되었다. 유스티니아누스는 그녀를 자신과 대등한 제국의 통치자로 임명하고 모든 관료들에게 두 사람의 이름으로 충성서약을 하게 하였다.

"유스티니아누스는 테오도라의 지성을 높게 평가하였
다. 그는 그녀를 신의 선물이라고까지 생각했던 것 같
다. 사실 그가 포고한 법률의 대부분은 테오도라의 현
명한 조언에 의한 것이었다." [29]

이 그림은 이탈리아 라벤나
에 있는 비잔틴 양식의 산비탈레
성당 벽면에 만들어진 모자이크
로써 황제 부부가 참가한 예배식
을 표현한 그림의 일부이다. [30] 그
림 속의 테오도라 황후가 그리 아
름다워 보이지는 않는다. 물론 중
세적인 미(美)를 현대인의 시각으

◆
테오도라 황후,
산비탈레 성당
출처: 위키백과

로 판단하기는 힘들 것이다. 또한 그녀의 늙은 모습이기도
하다. 산비탈레 성당이 547년에 완공되었으니까, 500년생인
테오도라의 나이가 이미 50살에 가까웠던 시절이었다. 그 시
대에 이 정도 나이의 여자는 할머니로 취급되었다. 그녀는
산비탈레 성당 완공 일 년 후인 548년에 죽었다.

유스티니아누스 대제는 많은 업적을 남긴 군주였으며
또한 행운아이기도 했지만 그의 인생에서 고통도 많았다. 가
장 큰 사건으로 두 번에 거쳐서 악성 전염병인 페스트가 발
생하여 제국이 패닉에 빠지고 자신도 감염되어 저승 문턱까
지 다녀왔다. 그럼에도 83세까지 살아서 그 시대의 사람으로
서는 전설적인 장수를 하였다. 당시 비잔틴 제국에서 60세를

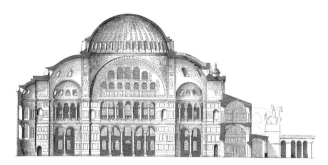

넘게 산 사람은 100명 중에서 한 명 정도였다고 한다.

유스티니아누스가 콘스탄티노플에 남긴 최고의 문명 사적 업적은 바로 하기아 소피아 성당의 건축이었다. 지진이 자주 발생하는 지역에 1500년 동안이나 붕괴되지 않고 서 있는 건물을 지은 것은 그의 야망과 열정으로 인하여 가능한 일이었다. 본시 그 자리에는 콘스탄티누스 대제의 아들인 콘스탄티우스 2세에 의해서 350년에 건설된 성당이 있었다. 하지만 이 성당 건물이 두 번의 화재로 소실된 후 532년에 유스티니아누스 대제가 다시 건축을 시작하여 537년에 완공하였다. 대단한 건축적 야심을 품고 있던 그는 이전에 그 누구도 시도해보지 않았던 독특하고 유일한 형태의 건물을 세우려고 하였다. 수학자이기도 했던 2명의 건축가가 설계한 이 건물은 비교적 짧은 기간 내에 완공되기는 했지만 초기 비잔틴 양식의 최고봉으로 교회 건축의 새로운 지평을 열었다고 평가되고 있다.[31] 당시 세계에서 가장 큰 성당이었던 하기아 소피아 성당의 준공식에서 유스티니아누스 대제는 건

중앙 돔, 아치, 주기둥

물의 위용에 감격하여 "솔로몬, 솔로몬, 나는 이제 당신을 앞
지르게 되었소"라고 외쳤다고 한다.[32]

　건물의 기본 구조는 평면적으로 그리스 십자가 형태이
고 십자가의 교차 지점에 세워진 4개의 거대한 주 기둥이 사
각형의 평면을 형성하였다. 그리고 그 기둥들 위로 엄청난
규모의 중앙 돔이 올라가 있는 형태이다. 중앙 돔의 무게는
1차적으로는 그 바로 밑에 있는 4개의 주 아치에 실리고 아
치의 하중은 다시 4개의 주 기둥에 전달되었다. 그리고 돔의
무게가 실려도 아치가 오래 지탱할 수 있도록 중앙 돔의 무
게를 분산시키는 반원형의 돔을 2개 세웠다. 이런 형태의 건
축양식은 당시로서는 처음 보는 혁신적인 것이었다. 중앙 돔
은 내부 직경이 32m 높이 56m로써 크기가 거대할 뿐만 아
니라 조화로운 비율을 실현했다.

돔을 건축할 때 하중을 줄이면서 내구성을 갖추기 위해서 가벼우면서도 단단한 자재를 사용해야 했다. 이를 위해 석회와 화산재를 모래 및 가벼운 자갈과 섞고 물에 갠 다음에 목재 거푸집에 넣고 떠내서 콘크리트를 만들었다. 이런 방식의 돔 제작은 2세기 로마의 판테온(신전) 건축을 계승한 것이었다. 하지만 판테온은 둥근 형태의 평면

◆
앱스

◆
판테온

에 둥근 돔을 올린 것이었고 반면에 하기아 소피아 성당은 사각형의 평면 위에 둥근 돔을 올린 건물이었다.

따라서 돔의 하중을 처리하는 방법에서는 두 건물이 판이하게 달랐다. 판테온에서는 돔의 하중이 벽을 타고 내려가지만, 하기아 소피아 성당에서는 돔의 하중이 그 바로 밑에 있는 아치를 통해서 4개의 주 기둥에 전달된다.

하기아 소피아 성당이 완성되고 20년이 지난 557년에 콘스탄티노플에 지진이 발생하여 돔이 무너졌고, 그 후 2년 동안 새로운 돔이 건설되어 지금까지 남아 있다. 새로 만들

◆
중앙 돔
확대

어진 돔은 지진에 강한 구조를 보이고 있다. 먼저 최초의 돔
보다 경사를 가파르게 하여 옆으로 벌어지는 힘을 줄였다.
다음으로 새로운 돔은 하단에 40개의 창을 냄으로서 이전의
돔보다 무게를 줄였으며 동시에 채광을 강화하였다.

"중앙 돔은 지상에서 바라보는 관찰자에게는 천국에
떠 있는 듯이 보여 천국과 연관되는 공간으로 비쳐진
다."[33]

하기아 소피아 성당에서 출현한 중앙 돔의 강렬한 이미
지는 이후 비잔틴 성당의 주된 특징이 되었다.

새로 만들어진 가파른 돔에서는 이전에 비해 옆으로 벌
어지는 압력은 줄고 수직으로 내려오는 힘은 증가했다고는
하지만, 거대한 돔의 엄청난 무게는 여전히 옆으로 벌어지는
파괴적인 힘을 4개의 주 기둥에 전달하기 때문에 기둥이 벌
어지는 현상이 발생하였다. 기둥이 벌어지면서 돔의 바로 밑
에서 무게를 지탱해주고 있는 아치에 틈이 벌어졌다. 이로
인한 건물의 붕괴를 방지하기 위하여 몇 백 년 후에 주 기둥
을 지지하는 외부 기둥을 건물 밖에 세웠는데 마치 고딕건물
의 버트레스와 같았다.

하기아 소피아 성당의 내부에도 유스티니아누스 대제
의 건축적인 야심이 드러난다. 성당의 내부는 그 자체로 예
술작품이다. 벽과 아치는 대리석으로 마감이 되어 있으며,
기둥도 대리석으로 만들어졌다. 그러나 대리석 기둥들은 새
로 만든 것이 아니고 다른 건물에 사용된 기둥들을 재사용하
였다. 이는 공사 기간을 단축하기 위해서였는데, 대리석 기
둥들은 주로 이집트의 궁전들에서 가져왔다고 한다. 위층의
기둥들이 아래층의 것들보다 높이가 낮은 이유도 역시 공사
기간 단축을 위해서였다고 추측되고 있다.[34]

◆
내부 벽면과
기둥

성당의 내부를 화려하게 만든 것은 금색 모자이크로 기독교의 팽창과 함께 급속히 발전된 인테리어였다. 성당의 내부를 장식하고 있는 금색과 은색의 유리 모자이크에는 실제로 금과 은이 함유되어 있었다. 애초에 하기아 소피아 성당 내부는 예수와 성모 의 형상이 표현되지 않은 금색 모자이크로 장식되어 있었다. 아마도 천상의 세계를 표현한 듯하다. 그래서 유스티니아누스 시대의 하기아 소피아 성당 내부는 지금의 우리가 보고 있는 것에 비하면 훨씬 단순했다고 한다.

◆
금색
모자이크

단순한 성당 내부 덕분에 8세기에 비잔틴 사회를 혼란과 분열로 몰고 갔던 '성상 파괴'의 광기를 비켜나갈 수 있었다. 지금 성당 내부에서 볼 수 있는 성상은 '성상 파괴'가 지나간 후인 9세기 이후에 만들어진 것이다.[35]

"성상 파괴가 무엇이지요?"

"8세기 초반에 비잔틴 제국의 황제 레오 3세는 나라에 끊임없이 전쟁, 지진 같은 재난이 발생하는 것은 신의 노여움을 샀기 때문이라고 생각했지. 즉 교회와 수도원이 '우상을 섬기지 말라'는 구약에 나오는 계율을 어기고 예수나 성모 또는 성인을 표현하는 모자이크, 프레스코 또는 조각을 장식하기 때문이라는 것이었어."

본시 시리아의 농부 가문 출신으로 군대에 들어가서 출세한 후 황제 자리를 찬탈한 레오 3세(재위 717-741)는 교육을 많이 받지 않은 사람으로 유대인 및 아랍인들과의 교제를 통하여 성상에 대한 혐오감을 갖게 된 듯하였다. 그래서 황제의 명으로 모든 성상을 제거하라고 했고 명을 어길 시에는 엄하게 처벌했다. 성상 파괴가 약발을 받았는지 그는 전임 황제 5명의 재위 기간을 합친 세월보다 길었던 24년을 황제로서 통치하였다.

그러나 약 120년이 지난 후에 성상은 공식적으로 부활되었고, '성상 파괴'는 한 시대의 해프닝으로 끝나고 말았다. 비잔틴 제국에서 발생했던 '성상 파괴'는 비잔틴 사회를 크게 분열시켰고 혼란으로 밀어 넣었을 뿐만 아니라 성상 숭배를 옹호하는 이탈리아인과 로마 교황의 분노를 야기했다. 이탈리아인은 교황과 성상을 지키며 살고 죽겠노라 맹세했다. 결국 '성상 파괴'는 훗날 서방의 가톨릭과 동방의 정교가 공식적으로 갈라서는 첫 번째 원인을 제공했다고도 할 수 있다.

"서방 교회는 왜 성상을 중시한 것이지요?"

"서방 교회에서 성상을 중시한 이유는 그 시대의 사람들은 대체로 무지했고 특히 서유럽인의 대부분은 글을 읽지 못했기 때문이지. 따라서 문맹인 백성들에게 기독교의 교리와 신화를 가르치는 최고로 효과적인 수단이 바로 그림이었던 것이야."

성상 파괴가 최종적으로 폐지된 843년 이후로 성상은 복원되거나 새로이 만들어졌다. 특히 867년에 성당의 모자이크 장식 공사가 공식적으로 시작되어 10세기까지 계속되었다. 이 시대에 만들어진 모자이크 중에서 가장 흥미로운 작품은 출구

◆
성모자

위 벽면에 있는 〈성모자〉이다. 이 모자이크 그림을 찾기 위해 1,2층 벽면을 모두 뒤져 보았지만 발견하지 못하였고 아쉬움을 남긴 채 성당 내부를 떠나다가 우연히 출구 앞 유리에 비쳐진 이 그림을 발견하고 너무도 반가워서 뒤돌아보니 출구 위 벽면에 모자이크 〈성모자〉가 있는 것이 아닌가. 그때의 기쁨은 잃어버린 줄 알았던 지갑을 발견했을 때와 유사하였다.

모자이크 〈성모자〉에서는 성모 마리아가 어린 예수를 무릎 위에 올려놓고 중앙에 앉아있다. 성모자의 왼쪽에서는 유스티니아누스 대제가 하기아 소피아 성당의 모형을 성모

자에게 헌정한다. 오른쪽에 있는 사람은 콘스탄티누스 대제
로서 그는 성벽에 둘러싸여 있는 콘스탄티노플의 모형을 들
고 있다. [36]

　벽면에 있는 수많은 모자이크 그림과 돔의 내부를 장식
한 금색 모자이크를 관람했던 10세기의 한 방문자는 이런 말
을 남겼다.

"거기에는 지상의 세계와 천상의 세계 그리고 신과 황

　제가 결합되어 있었다." [37]

　11세기에 만들어진 모자이크 그림으로서 가장 재미있
는 것은 하기아 소피아 성당의 2층 벽면에 있는 〈예수와 함
께 있는 콘스탄티누스 10세와 조에〉이다.

　이 그림에서 황제 콘스탄티누스 10세는 하기아 소피아
성당에 많은 돈을 기증하고(그는 큼직한 돈주머니를 들고 있다),
황후 조에는 그 봉납을 기록한 두루마리 책을 들고 있다. 중
앙 옥좌에 앉아 있는 예수는 축복의 기도를 하며 한 손에는
성서를 들고 있다. 황후 조에가 세 번째 남편인 콘스탄티누
스 10세와 결혼했을 때 그녀의 나이가 이미 64세였음을 감안
하면 그림 속의 황후 조예는 너무 젊고 아름답다. 모자이크
화가가 황후에게 아첨한 것일 터이다. [38] 기번은 《로마제국
쇠망사》에서 황후 조에의 이야기를 흥미롭게 설명했다. 황
제 콘스탄티누스 9세의 둘째 딸로 태어난 그녀는 자신의 신
랑을 황제로 만들 권리를 갖게 되었다. 그녀는 첫 번째 남편
인 로마누스 3세에게 애정을 느끼지 못하였기에 잘생긴 시
종관인 미카엘과 불륜관계를 맺고는 남편을 독살하고 정부를
보위에 올려 황제 미카엘 4세로 만들었다. 훗날 미카일 4세가
건강 악화로 사망하자 이번에는 60살이 넘은 나이에 콘스탄
티누스 모노마쿠스와 결혼해 그를 황제 콘스탄티누스 10세
(재위 1042-1056)로 만들어주었다. 그는 황제가 된 후에 병환
에 시달리면서도 방탕한 생활을 하였는데 어떤 미모의 과부

를 첩으로 삼아서 궁전에서 황제 옆방에 기거하게 하기도 했다. 그런데 어이없게도 황후 조예는 이 기묘한 동거를 용인하였다. 게다가 황제는 황후와 첩 사이에 끼어서 공식 석상에 나타나고는 하였다고 한다.[39]

비잔틴 제국의 멸망과 함께 하기아 소피아 성당도 비극을 맞이하였다. 1453년 5월 29일 오스만 군대가 콘스탄티노플을 함락했을 때 두려움에 떨면서 하기아 소피아 성당에 모여 신에게 도움을 애원하였던 수천 명의 주민들은 이곳에 난입한 오스만 군대에게 남녀노소를 가리지 않고 학살당했다. 야만스러운 오스만 군대의 규율은 항복하지 않은 적은 민간인이라도 죽이라고 되어 있었다.[40] 폴 모랑이 지은 〈비잔틴의 최후〉에는 하기아 소피아 성당에서 최후를 맞이한 비잔틴 사람들이 묘사되어 있다.

　　　　"성 소피아 성당
　　　　　노랫소리, 방황하는 개의 울음, 외침.
　　　　　지혜의 교회는 사람들로 꽉 들어찼다.
　　　　　군중은 광란하며 적군을 피해 도주한다."[41]

이로서 1453년 5월 29일은 인류역사에서 가장 부끄러운 날이 되었고 하기아 소피아 성당은 가장 참혹했던 장소가 되었다.

　비잔틴 제국이 멸망하면서 정복자인 오스만 제국의 술
탄 메메드 2세의 명령에 의해서 하기아 소피아 성당은 이슬
람의 모스크로 바뀌었다. 우상 숭배를 엄격히 금지하는 이
슬람의 모스크로 바뀐 뒤로 내부 벽면 전체를 뒤덮고 있었다
는 화려한 색채의 모자이크 성화는 회반죽으로 덧칠이 되어
버렸다. 이 성화들은 1930년대에 실행된 성화 복원작업으로
인하여 옛 모습을 많이 회복하였다. 오늘날 관람객들이 볼
수 있는 성화의 대부분은 복원작업의 성과물이다.

　하기아 소피아 성당이 모스크로 바뀐 후에 내부에는 마
호메트와 후계자 4명의 이름을 아랍어로 쓴 둥근 원판 7개가
걸렸다. 건물 내부의 1층에는 흥미로운 유물로서 제법 큰 대
리석 항아리가 있다. 헬레니즘 시대에 만들어진 이 항아리는
원래 소아시아의 에게해 연안에 있는 고대 그리스의 도시인
페르가몬에 있었는데, 오스만 제국의 술탄 무라드 3세(재위

1574-1595)의 명령으로 하기아 소피아 성당으로 옮겨졌다고
한다.

오스만 제국의 정복 이후에 이 건물의 주위에 4개의 첨
탑이 세워졌는데, 첨탑의 수로 격을 나타낸다는 이슬람 관습
에 의하면 격이 높은 모스크였음을 보여주고 있다.

이 건물은 916년간 성당으로 그 후 481년 동안은 이슬
람의 모스크로 그리고 1934년 이후로는 박물관으로 사용되
고 있다. 이 건물은 성당에서 모스크로 그리고 박물관으로
바뀌면서 이 도시의 파란만장한 역사를 보여주는 산 증인으
로 남아 있다.

고대 로마 제국의 위대함을 보여주는 유적은 많이 있지
만 그중에서도 인공적인 물 공급 시설은 가장 뛰어난 인프라
이다. 고대 로마 제국의 계승자인 비잔틴 제국에서도 이와
같은 뛰어난 시설이 건설되었다. 현대 사회의 도시인들이 누
리는 높은 생활수준을 이미 고대인들이 누리기 시작했음을
보여주는 건축물이 구시가지에 지금까지 잔존하고 있는 수
도교와 저수조이다.

40만 주민들에게 물을 공급하는 것은 큰 문제였다. 로마인들은 고가수로를 건설함으로써 이 문제를 능숙하게 해결했다.[42]

콘스탄티누스 대제가 330년에 수도를 콘스탄티노플로 이전한 이후로 이 도시의 인구는 급속히 증가하였다. 이와 함께 이 도시는 식수 부족이라는 큰 문제에 봉착하게 되었다. 삼면이 바다로 둘러싸인 반도였지만 도시 안에는 용수 공급원이 없었던 것이었다. 이 문제를 해결하기 위하여 그의 후계자들은 먼 곳에서 물을 끌어들이는 방안을 세우게 되었다. 특히 발렌스 황제(재위 364-378)는 이 도시의 배후에 있는 트라키아의 외진 지역에서 물을 끌어들이기 위하여 총길이 640km의 수로를 건설하였다. 이를 위해 대형 아치들로 이루어진 수도교 60개가 4-6세기에 건설되었는데 그중에는 높이가 27m에 다다르는 것도 있었다.[43] 콘스탄티노플에 식수를 공급하는 수로는 동부와 서부로 갈라지기 이전인 4세기의 로마 제국에서 가장 길고 복잡한 물 공급 체계였다.

현재 콘스탄티노플에 남아 있는 수도교는 2층의 아치 형태로서 높이는 26m이고 길이는 약 800m 정도에 이른다. 이곳을 통해 흘러들어 온 물은 지하 저수조에 저장되었다.[44]

도시의 한복판을 지나가고 있는 이 수도교는 버스나 택시를 타고 지나가는 여행객들의 눈길을 끌 만큼 규모가 거대하고 독특할 뿐만 아니라 이 도시의 유구한 역사를 떠올리게 하는 건축물이다.

이 도시로 끌어들인 물을 저장하기 위하여 지하에 150개의 저수조를 건설하였는데, 그중에서 가장 큰 것이 하기아 소피아 성당 근처에 있는 바실리카 저수조였다. 6세기 유스티니아누스 대제 시절에 건설된 것으로 알려진 이 저수조에서는 336개의 대리석 기둥이 7.6m 높이의 천장을 받치고 있는데, 이 대리석 기둥은 본시 근처의 신전이나 큰 건물들에서 가져온 것이었다. 저수조의 길이는 140m이고 폭은 70m로 올림픽 수영장 27개에 들어가는 물의 양을 저장하였다.[45] 지하 저수조에 저장된 물은 콘스탄티노플이 수 개월간 적에게 포위되었을 때에도 물 부족 없이 버틸 수 있게 하여 비잔

틴 제국이 숱하게 많은 이민족들의 침략에도 불구하고 천년 세월을 지탱할 수 있었던 비결 중의 하나였다.[46]

지하에 있는 이 저수조는 고대인이 건설했다는 것이 믿어지지 않을 만큼 웅장하고 공학적으로도 완벽한 건축물이다. 게다가 천장을 받치고 있는 기둥과 아치는 예술성도 겸비했으니 지하의 공간은 한마디로 신비 그 자체였다.

흥미롭게도 이 저수조를 언덕 사이의 움푹 파인 곳에 기둥을 세워서 만들고 윗부분을 평평하게 하여 그 위에 다른 건물을 지을 수 있도록 공간의 효율성을 극대화하였다. 훗날 1453년에 오스만 군대가 콘스탄티노플을 함락했을 때 이 도시의 지리를 몰랐던 그들은 이 지하 수조를 발견하지 못하였다. 게다가 오스만 사람들은 흐르는 물을 선호해서 외부로부터 용수를 공급받았기 때문에 지하 저수조는 완전히 잊혀졌다. 그러다가 1545년에 한 프랑스인이 우연히 이 저수조를

◆
바실리카 저수조의
메두사 상

발견하여 알려지게 되었다. '등잔 밑이 어둡다'는 말이 있듯이 사람들은 오랫동안 저수조 위에서 생활을 하면서도 발밑에 있는 것을 모르고 살았던 셈이었다. 지금은 그 위 지상에 호텔, 레스토랑 등의 건물들이 있다.

"도대체 밑에 있는 지하 저수조를 어떻게 발견한 것이죠?"

"밑에 있는 거대한 지하 저수조를 찾은 것은 우연한 일이었어. 프랑스 사람인 피에르 기이가 1545년에 콘스탄티노플에 와서 비잔틴 문명의 유적을 찾고 있었는데, 우연히 그는 사람들이 지하층 구멍을 통해 물을 길어 올리는 것을 목격했지. 그는 신기하게 생각하여 그 물이 어디서 나오는 지를 탐색하다가 마침내 지하 저수조를 발견했다고 하던군.”

완공 이래로 25번의 지진이 흔들었음에도 기둥은 무너지지 않고 천장을 받치고 있다. 흥미롭지만 풀리지 않는 비밀이 바실리카 저수조의 지하 기둥에 담겨 있다. 이야기인즉 수조의 기둥 최하단에 그리스 신화에 나오는 괴녀 메두사의 석조 상 2개가 있는데, 한 개는 거꾸로 된 형태로 놓여 있고 다른 한 개는 옆으로 누워 있어서 그 사연에 관한 설왕설래가 있다.

독실한 기독교 신자였던 유스티니아누스 대제가 이교도의 상징인 메두사를 거꾸로 놓고 물에 잠기게 하여 이교도는 더 이상 설자리가 없다는 것을 보여주려 했다는 설명이 그럴듯하게 들린다.[47] 한편 들어 볼 만한 다른 전설도 있다. 이야기인즉 메두사는 얼굴과 몸매가 예쁘고 검은 머리를 가진 아름다운 여성이었는데 그녀는 제우스의 아들인 페르세우스와 사랑에 빠졌다. 그러나 불행하게도 여신 아테나 역시 페르세우스를 사랑했기 때문에 메두사를 질투하여 그녀의 머리카락을 뱀으로 변하게 하였고, 메두사의 눈을 본 사람은 돌로 변하게 하였다. 이 사실을 알게 된 페르세우스는 메두사의 머리를 잘라서 전장에 가지고 나가서 적들이 메두사의 머리를 보고 돌로 변하게 하여 승리를 거두었다고 한다. 이후로 비잔틴 제국의 주요 건축물에는 메두사의 머리 형상을 새겨 놓게 되었다고 전해진다.[48]

저수조의 기둥들 사이를 제법 많이 이동한 후에 〈메두

눈물의 기둥

사 상)을 설명하는 안내판을 발견했다. 희미한 조명이 비치는 어두침침한 지하에서 그 안내판의 조명이 상대적으로 밝았기에 영문으로 된 내용을 읽을 수가 있었다. 그러고는 그 옆에 있는 돌기둥에 메두사 상이 있을 것이라고 생각하고는 곧바로 허리와

고개를 밑으로 숙이고는 휴대폰 조명을 이용하여 기둥 밑을 뒤져봤지만 〈메두사 상〉이 보이지 않기에 고개를 갸우뚱하고 있었다. 잠시 후에 우리의 모습이 안돼 보였던지 바로 뒤에 있던 프랑스 인 부부가 〈메두사 상〉이 약 20m 뒤에 있다고 알려주는 바람에 우리는 안도의 한숨을 쉬게 되었다. 〈메두사 상〉은 저수조의 거의 끝부분에 있었던 것이다. 사실은 관람객이 가장 많이 몰려 있는 곳을 찾았으면 간단히 해결되었을 일이었다.

이곳에 있는 다른 흥미로운 조형물로는 〈눈물의 기둥〉을 들 수 있다. 저수조의 지하 입구 근처에 있는 이 기둥의 표면에는 마치 사람의 얼굴에서 눈물이 흘러내리는 것 같은 형상이 새겨졌는데, 저수조 공사를 하다가 죽은 노예들을 기리기 위해서 만들어졌다고 한다.

고대 로마 사회는 전차 경주에 열광했었다. 1959년에

개봉된 할리우드 영화 〈벤허〉는 오스카상 11개를 받으면서 흥행에 대성공을 하였는데, 특히 고대 로마 시대의 전차 경주를 재현하여 크게 인기를 얻었다. 이 영화의 주인공 유다 벤허는 부유한 유대인이었지만 불운한 사건을 겪고 한때 노예로 추락했다가 끝내는 전차 경주를 잘해서 로마의 영웅이 되었다. 나는 어린 시절에 이 영화를 보고 깊은 감명을 받았고, 특히 전차 경주 장면은 아직도 기억에 생생하게 남아 있다.

하기아 소피아 성당 근처에 있는 술탄 아흐메트 광장은 항상 수많은 사람들로 붐비는 이 도시의 명물이다. 그러나 이곳이 비잔틴 제국 시대에 전차 경기장이었다는 사실은 언뜻 별로 실감이 나지 않는다. 그러나 유심히 관찰하면 전차 경기장 트랙만큼의 폭과 길이가 된다는 것을 알 수 있다. 비잔틴 제국 시절에 이곳이 전차 경기장이었음을 입증해주는 몇몇 유물과 유적이 지금까지 남아 있어서 역사책에 나오는 이야기가 단지 전설이 아니었음을 보여주고 있다.

대경기장은 제국의 모든 정치적 삶의 축소판이다. 황제의 갈채, 반대파가 느끼는 굴욕감, 그리고 적에 대한 승리.[49]

◆
술탄 아흐메트 광장

◆
로마 제국의
전차 경기장
출처 : 위키백과

고대 로마 제국의 계승자인 비잔틴 제국에서도 전차 경주는 여전히 인기를 끌었다. 실제로 콘스탄티노플 도시 전체가 최고의 오락거리인 전차 경주에 빠져있었다. 특히 과거의 로마에서처럼 국가가 콘스탄티노플의 시민들에게 빵을 배급했기 때문에 시민들은 배고픔 없이 전차 경주에 열광할 수 있었다. 이른바 '빵과 서커스'의 정치였다.

이 도시가 로마 제국에 속한 작은 도시였던 시절인 203년

에 로마 황제 세베루스가 전차 경기장을 건설하였다. 그리고
훗날 324년에 콘스탄티누스 대제가 이 도시를 로마 제국의
수도로 정하고 크게 확장하는 과정에서 이 경기장도 확대되
었다. 그래서 결국 길이 450m 너비 130m 그리고 최대 10만
명의 관객을 수용할 수 있었던 초대형 경기장이 330년에 완
공되었다.

　　술탄 아흐메트 광장에서 마르마라 해변 방향으로 조금
내려가면 히포드롬의 관중석 일부가 남아 있는 유적을 발견
할 수 있다. 언뜻 보면 마치 고등학교 건물의 축대처럼 느껴
지는 높이가 약 6m 정도 되는 벽돌로 쌓아진 이 건축물의 중
간중간에는 아치형의 통로가 있다. 독일과 터키의 고고학자

◆
히포드롬의 유적

오벨리스크

들이 탐사한 바에
의하면 놀랍게도
관중석 아래 부분
에 물을 저장하는
저수조 시설이 6세
기에 건설되었다
고 한다. 아치형
통로를 통해서 내
부로 들어가면 지
금도 물이 조금 남
아 있는 저수조 시
설 그리고 물이 들
어오는 수로와 도
시로 물을 공급하는 수로를 발견할 수 있다. 이 저수조의 저
수량은 일천만 리터 정도로 추정된다.[50] 다른 지하 저수조들
처럼 이곳도 공간을 효율적으로 사용했던 로마인의 정신이
배어 있는 장소였다.

경기장은 지금 지하 4.5m 아래에 묻혀 있지만 트랙의
중앙분리대 3개가 남아서 히포드롬의 자취를 보여주고 있
다. 그중에 대표적인 것이 이집트에서 가져온 오벨리스크이
고 나머지 2개는 기둥이다.[51]

이 오벨리스크는 본시 이집트에서 신왕국의 파라오 투
트모세 3세(재위 BC 1479-1425)의 전승을 기념하기 위해 제작
된 것이었다. 투트모세 3세는 생애에 17번의 군사 원정을 통

하여 이집트의 영토를 최대로 넓힌 정복 군주로서 '이집트의 나폴레옹'이라고 칭송되는 사람이다. 콘스탄티누스 대제는 이 오벨리스크를 이집트에서 가져왔으나 콘스탄티노플 사람들이 이 거대한 석조 기념물을 세우지 못해서 해변에 그냥 뉘인 상태로 놔두었다고 한다. 그러다가 390년에 테오도시우스 황제가 지금의 자리로 옮겨서 2층으로 된 기단 위에 세웠다. 오벨리스크 자체의 높이는 19m, 기단까지 합하면 25m에 이른다. 그것을 보다 보면 이집트에서는 저 거대한 오벨리스크를 어떻게 만들고 세웠을까 하는 의문이 절로 든다. 고대 이집트 문명을 연구한 고고학자의 설명에 의하면 주로 나일강 상류의 채석장에서 원석을 그 모양대로 깎은 후에 뉘인 상태로 거대한 배에 실어서 나일강의 수량이 최대가 되었을 때 운반했다 한다.[52] 물론 기중기가 없었던 그 시대에 거대한 오벨리스크를 어떻게 세웠는지는 아직도 미스터리로 남아 있다.

중앙 분리대의 두 번째 기념물은 이른바 '뱀의 기둥'으로 그리스의 아폴로 신전에 있던 것을 콘스탄티누스 대제가 가져왔다. 세 마리의 뱀이 똬리를 틀고 있는 것을 청동으로 형상화한 기둥인데, 뱀의 목은 파손되어 볼 수 없다. 이 기둥은 BC 479년에

◆
뱀의 기둥

194

◆
돌기둥

◆
히포드롬의 말
청동상

출처 : 위키백과

그리스가 페르시아와의 전쟁에서 승리한 것을 기념하기 위해 세웠다고 전해진다.

중앙 분리대의 세 번째 기념물은 비잔틴 황제 콘스탄티누스 7세(재위 913-959)가 세운 32m 높이의 돌기둥으로 히포드롬의 남쪽 끝에 있다.[53]

전차 경주트랙은 U자형이었으며, 황제 특별 좌석이 트랙 동쪽에 위치해 있었다. 이 특별 좌석은 대궁전과 인접해 있어 황제 일가는 전용 통로를 통해 곧장 이곳까지 올 수 있었다. 트랙 북서쪽 끝에 입구가 있고 입구의 문 위에 금박을 입힌 말 4마리의 청동상이 있었는데, 1204년에 4차 십자군이 콘스탄티노플을 함락했을 때 그들에게 약탈되어 베네치아로 옮겨졌고 이후 산마르코 대성당에 설치되어 있다.

비잔틴 제국 시대를 통틀어 이 경기장은 콘스탄티노플 사람들의 사회생활 중심지였다. 특히 7세기까지 비잔틴 제국에서는 고대 로마 제국 이래로 서민 정책의 중심축이었던 '빵과 서커스'가 계속되고 있었기 때문에 경기장에서는 한 해에 100일 이상 경기가 벌어지곤 했다. 출전 팀은 청색단, 녹색단 같은 색깔로 구분되었으며 원로원 정치 세력들로부터 후원을 받고 있었다. 각 팀 응원단의 단장은 통상 높은 신분의 고관이었고, 이들은 수백 명의 응원단원들을 사병처럼 거느렸다.

경기는 오전과 오후 각각 네 차례씩 치러졌다. 네 마리의 말이 끄는 4대의 전차가 경기장을 일곱 바퀴 돌았다. 전차 경주는 단순한 스포츠일 뿐만 아니라 황제와 일반 시민이 만나는 기회를 제공하기도 했다. 정치적 회담도 이 경기장에서 주로 벌어졌는데, 이는 경기장 내 황제 특별 좌석이 대궁전과 직접 연결되어 있었기 때문이었다. 또한 전차 경주 외에도 연극이나 동물 전시회 등의 온갖 행사가 이곳에서 열리기도 하였고 그 밖에도 황제의 즉위식이나 개선식, 정치적 행사 등도 이곳에서 열렸다.[54]

전차 경기장에서 청색과 녹색 팀의 다툼은 단순한 스포츠를 넘어서 흔히 정치적 충돌로 번지기도 하였으며, 어떤 때에는 경기장에서 발생한 소란이 확산되어 시내에서 내전 비슷한 것이 벌어지기도 했다. 가장 유명한 사건은 유스티니아누스 대제 시절인 532년에 발발했던 니카 반란이다. 유스티니아누스가 전쟁과 건축을 위해 증세한 것에 대한 불만으로 이 경기장에서 폭도들의 반란이 발생했다. 이때 유스티니아누스는 콘스탄티노플을 빠져나가서 도망하려 했는데 그의 (창녀 출신) 아내인 테오도라 황후가 도망하기보다는 차라리 죽음을 택하자고 주장하여 결국 반란을 일으킨 폭도들과 싸우기로 결정하였다.

"달아나는 것 외에는 살아남을 길이 없다 해도, 저는 달아나지 않겠어요. 삶에는 죽음이 따라다니게 마련 이라고는 하지만, 왕의 자리에 있는 자가 권력과 위엄 을 잃으면서까지 목숨을 연장하는 게 무슨 의미가 있 을까요?" [55]

결국 유스티니아누스의 장군 벨리사리우스와 환관 나 르세스는 반란을 진압하면서 경기장에 모인 약 3만 명의 폭 도들을 학살했다. 그들의 시체는 경기장의 지하에 묻혔다고 전해진다.

유스티니아누스 대제와 테오도라 황후의 이야기는 비 잔틴 제국의 역사에서 가장 유명하고 인기 있는 드라마다. 이 부부의 이야기는 때로는 낭만적이고 아름답게 또 다른 때 에는 추악하게 전해 내려오고 있다. 기번은 《로마제국 쇠망 사》에서 상대적으로 아름답게 서술했다. 반면에 6세기에 유 스티니아누스 대제의 최측근 인물 중 한 명이었던 프로코피 우스가 쓴 《비잔틴제국 비사》에서는 두 사람이 추악하고 비 열한 악인으로 묘사되어 있다. 여기서 유스티니아누스는 이 런 인간으로 묘사되었다.

"이 황제는 부정직하고, 기만적이고, 거짓되고, 위선적 이며, 이중인격자에, 잔인하고, 자기 생각을 감추는 데 능하고, 기쁘거나 슬프거나 절대 울지 않고, 다만 필요 할 때면 언제든지 거짓 눈물을 흘릴 수 있는 자였다." [56]

프로코피우스가 그를 속으로 미워해서 과도하게 악평을 했다는 주장도 있지만 근거가 전혀 없는 이야기는 아닌 듯하다. 아니 땐 굴뚝에서 연기 나랴. 영웅시되거나 신격화된 인물들에게는 추악한 뒷면이 흔히 있는 법이다. 중국공산당이 신격화한 모택동의 인생 말년은 비열, 잔혹, 과대망상 그리고 성(性)적 방탕으로 얼룩졌다. 프랑스인이 최고로 영웅시하는 나폴레옹은 워털루 전투에서 패한 후에는 6만여 명이나 되는 자신의 병사들이 사상되었는데도 구차스럽게 자기 혼자 살겠다고 적군에게 자신의 목숨과 영지를 구걸하였다.

확실한 것은 유스티니아누스와 테오도라 부부는 천생연분이고 찰떡궁합이라는 사실이다. 프로코피우스는 유스티니아누스의 변태적인 기질이 성(性)적으로 문란한 여자(테오도라)에게 끌리게 만들었다고 했다. 그러나 실제로 잠자리뿐만 아니라 이렇게 마음씨까지 일치하는 부부는 보기 드문 경우였다. 또한 프로코피우스는 "유스티니아누스와 테오도라는 인간의 탈을 쓴 악마였다"라고 썼는데, 이것은 과도한 악평이었다고 생각된다. 단지 테오도라는 첩자를 풀어서 콘스탄티노플의 뒷골목 및 목욕탕에서 주민들의 동태를 파악했으며 상당한 음모꾼이면서 대담한 여인이었다.[57] 어찌 되었든 간에 유스티니아누스가 국토를 넓히고, 법률을 정비했으며 하기아 소피아 성당을 건축한 공로는 분명히 인정되고 있다.

"니카 반란의 경우를 보면 유스티니아누스 대제가 국
민들한테 인기가 없었던 것 같아요?"

"대제로 불리는 유스티니아누스는 어이없게도 생시에
는 국민들에게는 인기가 없었어. 농민의 아들인데다
창녀와 결혼했으니 전통 귀족들에게는 무시를 당했겠
고, 정복과 건축에 빠져 증세를 했으니 백성들한테는
미움을 받았던 것이지. 게다가 프로코피우스의 말에
의하면 비열한 방법으로 국민들의 재산을 갈취했다고
하는군. 그러나 사후에는 인정을 받았으니 대제라고
불리는 것이겠지."

러시아의 표트르 대제도 국토를 넓히고 근대화를 추진
하여 대제라고 불리지만, 그가 죽었던 날 백성들이 창문을
가리고는 축하 파티를 했다고 한다. 백성들에게는 위대한 조
국보다 세금과 부역이 작은 세상이 좋은 법이다. 오두막이나
마 가족이 함께 따뜻한 저녁 식사를 하고 등 따습게 자는 것
이 백성들의 행복이 아닐까. 그래서 위대한 건축물에는 백성
들의 피와 눈물이 스며있다고 하지 않는가. 천하를 통일한
중국의 진나라와 수나라는 진시황과 수양제가 백성의 피와
눈물을 너무 짜낸 바람에 2대 만에 단명했다고 널리 알려져
있다.

7세기 이후 비잔틴 제국은 북아프리카와 이집트의 곡창
지대를 이슬람 제국에게 빼앗겨서 '빵과 서커스'라는 기존의
정책을 유지할 수 없게 되었다. 이로 인해 경기장의 경주 횟
수도 줄어들게 되었다. 이 시대에 콘스탄티노플의 전차 경주
는 국가의 기념일이나 축제 때에만 열리게 되었다.

어리석은 인간일수록 방탕하고 낭비하며 오락을 좋아한다는 것은 동서고금의 진리이다. 이런 부류의 대표적인 군주로서 조선의 연산군이나 고대 로마 제국의 네로 황제와 비교될 만한 비잔틴 황제가 있었으니 그의 이름은 미카엘 3세(재위 842-867)였다. 연산군이나 네로 황제도 그 앞에서는 울고 갈 정도로 탕아였던 그가 열광적으로 빠져든 오락 중의 하나가 바로 전차 경주였다.

> "열광적이지만 격이 낮고 속되기 이를 데 없는 이 경
> 주에 황제는 일신의 위엄, 통치의 안전을 비롯한 모든
> 것을 잊은 채 빠져들었다." 58

심지어 그는 적군의 침입에 관한 보고를 하려고 달려온 사자가 경주의 가장 긴박한 순간에 막 도착하자 침묵할 것을 명령했다고 한다. 주색잡기와 악행에 빠져 살았던 그는 결국 30살의 젊은 나이에 술에 취해 자고 있다가 최측근에게 살해당했다.

11세기까지 전차 경주는 콘스탄티노플 시민들의 중요한 오락 가운데 하나로 남아 있었다. 그러나 1204년 제4차 십자군이 콘스탄티노플을 함락하고 도시를 약탈할 때 히포드롬도 파괴되었다. 훗날 1453년에 오스만 군대가 이 도시를 함락한 이후에 경기장 부지는 오스만 제국의 여러 행사에 사용되었다. 이 시대의 세밀화를 보면 그래도 경기장에 설치되어 있었던 관객석이나 오벨리스크는 남아 있었음을 알 수

있다. 그러나 훗날에 주변에 아름다운 건물들을 지으면서 거기서 나온 흙을 경기장에 갔다 부었기 때문에 지대가 높아졌고 경기장은 땅속에 묻히게 되었다.

옛날이나 오늘날이나 할 것 없이 일국의 수도를 방문하는 사람들이 가장 보고 싶어 하는 것이 제왕의 궁전이다. 그래서 관광안내 책자나 동영상에서는 흔히 궁전의 규모나 아름다움이 부각된다.

나라가 크고 부유할수록 그 나라의 제왕이 살았던 궁전도 웅장하고 화려할 것이라고 기대를 하는 것은 당연하다. 하지만 콘스탄티노플을 찾아온 우리는 처음부터 다른 생각을 하고 있었다. 그것은 비잔틴 제국 시대에 건축된 콘스탄티노플의 대궁전이 이미 오래 전에 황폐해졌다는 것을 알고 있었기 때문이다. 그래서 눈요기보다는 일부 남아 있는 옛 궁전의 자취를 찾아보고 옛 기록을 참고로 하여 상상의 날개를 펼쳐 보았다.

비잔틴의 대궁전의 유적은 술탄 아흐메트 광장에서 출발하여 마르마라 해변으로 향하는 좁은 골목길에서 마주치는 자그마한 재래시장 주변에 있다. 무심한 여행객은 그냥 지나칠 수 있는 그런 장소이다. 크지 않은 건물 한 채와 기둥 몇 개 그리고 궁전 바닥을 장식했던 모자이크가 남아서 이곳이 비잔틴의 대궁전 터였음을 보여주고 있다. 한 시대의 영화가 덧없음을 보여주는 유적으로 이만한 곳은 더 이상 없을 듯했다.

한 프랑스 연대기 작가에 의하면 대궁전에는 500개의
방이 나란히 연결되어 있었는데, 창틀과 문고리는 쇠가
아니라 은으로 만들어졌으며, 기둥들은 보석으로 장식
되어 있었다.[59]

콘스탄티누스 대제가 수도
를 콘스탄티노플로 옮긴 이후
황제와 황실 사람들이 거주할
궁전을 마르마라해에서 히포드
롬 사이에 건축하였다. 지도에
서 약간 어둡게 칠해져 있는 부
분이 대궁전의 터이다.

◆
대궁전의 터
출처: 위키백과

면적이 79,898평방미터로 대략 축구장 15개 정도의 면
적을 갖고 있었던 대궁전에는 황제 알현실, 성당, 도서관, 목
욕탕, 정원, 분수, 청동문, 사자상, 산책로 등이 있었던 것으
로 알려져 있다. 한마디로 황제와 그 가족을 위한 작은 도시
였던 것이다.

콘스탄티누스 대제가 처음 이 궁전을 지었을 때에는 고
대 로마의 건물과 흡사한 모습이었지만, 그 뒤를 이은 후계
자들이 조금씩 개량하고 증축하였다. 특히 테오필로스 황제

(재위 829-842)가 대궁전을 크게 변화시켰다. 그는 자신의 사절이 바그다드의 아바스 칼리프에게 선물로 받아온 티그리스강 유역에 세운 궁전의 모형을 보고 감탄하여 그 모형을 본뜨면서도 능가하는 새로운 건물들을 세웠다. 그가 새로 지은 건물들

◆
대궁전 터의
기둥들

중에는 정원과 다섯 개의 성당이 있었다. 그중에서 가장 크고 아름다운 성당에는 세 개의 반구형 지붕이 올려졌고, 금으로 도금한 청동 지붕은 이탈리아산 대리석으로 만든 기둥으로 받쳐졌다. 성당 정면에 있는 시그마 현관 앞에 있는 광장에는 분수가 설치되었는데, 이 분수대의 가장자리에는 은접시가 둘러져 있었다. 궁전의 자색 실에 길게 늘어선 일련의 방들은 각각 계절을 상징하는 것으로 대리석과 반암, 많은 양의 금은과 값진 보석들과 함께 그림, 조각상 그리고 모자이크로 장식되었다고 한다.

테오필로스의 후계자들 역시 이 궁전에 자신들의 취향에 맞는 기념물들을 건축하였다. 이 궁전의 견고함과 웅장함이 탁월하여 10세기에 이곳을 방문한 서구인들이 감탄과 찬사를 아끼지 않았다.[60]

"제왕들이 재정적으로 어려움을 겪으면서 과도하게 크

고 호화로운 궁전을 짓는 이유는 무엇일까요?"

"아마도 자신의 권세를 과시하고 싶은 욕망 때문이 아
닐까. 비잔틴 제국의 황제는 절대 권력자였으니 당연
히 그랬을 것이고. 프랑스의 루이 14세도 베르사유 궁
전을 지었고, 명나라의 영락제도 자금성을 지었지. 거

대한 궁전을 지은 그들 모두는 절대 권력자였어.”

마르마라 해변에 거의 닿아 있는 좁은 골목길에서 마주친 브콜레온 궁전은 그리 크지 않은 낡은 건물이다. 비잔틴 제국 대궁전의 유적이라고는 믿어지지 않는 이 초라한 건물에서 그나마 대궁전의 흔적이라도 보았음을 다행이라고 해야 할까. 브콜레온 궁전은 본시 궁전의 주요 건물들에서 떨어진 바닷가에 지어졌다. 황제들은 바닷가가 보이는 이 궁전을 좋아하여 바닷가 쪽으로 문을 냈다고 한다.

대궁전에서 인상적인 곳 중의 하나는 황금 식당으로 황제가 12명의 최고 고관들에게 식사를 베푸는 장소였다. 968년에 신성로마제국 오토 대제의 사신으로 콘스탄티노플에 갔던 크레모나 주교는 대궁전의 황금 식당에서 겪은 일을 서술한 보고서를 오토 대제에게 보냈다.

“저는 하객으로 초대되었습니다. 그런데 저는 궁정 대 귀족 중 어느 누구의 앞도 지날 자격이 없다는 취급을 받아 황제로부터 열다섯 좌석이나 떨어진 곳에 탁자보도 없이 앉아야 했습니다. 더구나 식사는 길고, 외설스럽고, 술주정 투성이였으며, 음식은 지나치게 기름기가 많았고, 생선 소스는 역겨웠습니다.”[61]

그뿐만 아니라 크레모나 주교는 이 보고서에서 비잔틴 황제 니케포루스 포카스의 볼품없는 외모를 과장되고 유치

하게 묘사하였는데 대
궁전에서 비잔틴 황제
에게 무시당하고는 복
수를 하고 싶은 감정이
끓어올랐던 듯하다.

이 궁전의 황제 알
현실도 유명했다. 외국
의 사절이 황제를 알현
할 때 황제에 대한 존
경의 표시로 황제 앞에

◆
황제 알현실
출처: 미셸 카프란,
비잔틴 제국

길게 엎드리면 기계장치의 효과로 황제의 옥좌가 위로 올라
가고 사자와 독수리사자 및 황금새 등이 움직이는 것이었다.
비잔틴 제국의 위상과 황제의 권위를 과시하기 위해 연출된
유치한 쇼였다. 비잔틴 제국은 엔터테인먼트 분야에서도 다
른 나라보다 앞섰던 듯하다.

그런데 무슨 이유에서인지 먼 훗날에는 황제들이 이곳
에 거주하지 않고 다른 소궁전을 사용하는 바람에 대궁전
은 점차 황폐해졌다. 그러다가 4차 십자군이 콘스탄티노플
을 점령하고 있을 동안에는 이곳에다가 약탈한 물건을 보관
하기도 하였고 또한 이곳을 파괴하기도 했다고 전해진다. 훗
날 오스만 제국의 통치 시대에는 이곳에서 건축자재를 빼내
어 다른 건축을 위해 사용했기 때문에 이 궁전은 폐허화되
었고 땅속으로 사라져서 잊혀졌다. 그러나 몇 백 년이 지난
1912년에 이 지역에 있는 건물들에서 화재가 났고 그 바람

에 잔해 속에서 대궁전의 일부가 모습을 드러내어 발굴되었다.[62] 오늘날 관광객들이 그나마 대궁전의 화려했던 자취를 조금은 느낄 수 있는 유적이 이때 발굴된 대궁전의 바닥 모자이크이다. 오늘날 이 모자이크 그림들은 술탄 아흐메트 광장에서 마르마라 해변으로 가는 길가의 작은 시장 부근에 있는 비잔틴 모자이크 박물관이라고 불리는 곳에서 전시되고 있다. 이곳에 있는 아름다운 모자이크는 비잔틴 예술의 높은 수준을 보여 줄 뿐만 아니라 평민들의 삶을 그대로 표현하고 있어서 고고학적인 가치가 크다.

유스티니아누스 대제 시절에 만들어진 이 거대한 모자이크는 궁전의 복도 바닥을 장식했던 것으로 지금까지 발견된 모자이크 그림들 중에서 가장 규모가 클 뿐만 아니라 그 시대 비잔틴 사람들의 생활상을 보여주는 독특한 작품이다.[63] 김홍도의 풍속화를 연상시키는 모자이크 그림들은 타일로 만들어진 작품이다. 여기에는 농부, 장인 등 평민들의 생활뿐만 아니라 야생동물과 식물들까지 온갖 자연의 아름다움이 표현되어 있다. 궁전의 바닥을 평민들의 삶으로 장식하는 것은 매우 드문 경우이다.

"비잔틴 제국에 여자 황제가 있었다는 이야기를 들었어요."

"아테네 출신의 이레네는 고대 로마 제국과 비잔틴 제국을 통틀어 유일한 여자 황제로 797년에서 802년까

비잔틴 모자이크 박물관

지 황제로서 통치하였어. 그녀는 당나라의 측천무후처럼 유능하고 잔혹한 여성이었지."

◆
이레네 여제
출처: 위키백과

고아였던 17살의 이레네는 병약한 비잔틴 황제 레오 4세와 결혼하여 남편의 사랑과 신뢰를 얻었고, 남편의 뒤를 이어 다섯 살의 어린 나이로 보위에 오른 자신의 친아들 콘스탄티누스 6세의 섭정을 하면서 통치 능력을 발휘했다. 훗날에는 성인이 된 아들과 권력투쟁을 하다가 끝내 아들의 두 눈알을 뽑아 죽인 다음에 스스로 황제가 되었던 잔혹한 어머니였다.

"그녀가 피비린내 나는 회의석상에서 콘스탄티누스를 제위에 부적합한 인물로 결정하자 그녀의 밀사가 잠자고 있는 황제를 습격하여 마치 실제로 사형을 집행하듯이 신속하게 단도를 그의 눈에 힘껏 꽂았다."[64]

하지만 결국 그녀는 궁정 쿠데타를 당해 제위에서 쫓겨나서 레스보스섬으로 유배되어 거기서 죽고 말았다.

"자식을 살해한 동서양의 두 여성 황제 측천무후와 이레네에게는 여성의 본능인 모성이 없었던 것일까요?"

"본능적인 모성이야 있었겠지만 권력을 향한 불타는 욕
망이 모성을 잠시 잊게 했겠지. 비잔틴 황제나 당나라
황제 같은 대제국의 전제군주 자리는 굶주린 이리 떼
앞에 던져진 싱싱한 고깃덩어리처럼 탐났을 테니까."

중국 속담에 '아비와 아들이 여자는 나눌 수 있어도 권
력은 나눌 수 없다'는 말이 있지 않은가. 기번의 명저 《로마
제국 쇠망사》에는 비잔틴 제국의 궁전에서 벌어진 온갖 추
악한 음모가 서술되어 있다. 이와 함께 기번은 '탐욕은 저주
할 악덕'이라고 결론지었다. 권력이 있는 곳에서는 음모와
싸움이 끊이지 않는 것이 인간 사회의 이치이다. 권력은 인
간의 탐욕을 극대로 끌어올리면서 인류를 파괴한다. 그것을
차지하기 위해서 수단과 방법을 가리지 않기 때문이다. 제왕
의 궁전은 극도로 타락하고 피폐해진 인간성의 현장이다. 동
서고금의 정치판에서 벌어진 권력투쟁의 역사는 참으로 우
리를 슬프게 한다.

"정말 지독한 것은 사악하고 비천하며 거친 무리가 거
의 백전백승, 난공불락, 전천후 역량을 과시한다는 사
실이다."[65]

그래서 '정치는 악이다'라는 말이 나오기도 했지만, 사
회적 존재인 인간에게 정치는 피할 수 없는 것이기도 하다.
그래서 이 세상은 '선과 악'이 공존하는 곳이기도 하다. 고대

중국의 노자는 이것을 '조화의 이치'라고 하였다. 어쩌면 인간의 본성도 선과 악의 결합체가 아닐까. 한 가지 명확한 것은 인간이 권력과 물질에 대한 탐욕을 버릴수록 악행보다 선행이 더욱 표출된다는 사실이다.

전근대 시대에는 동서양을 막론하고 외적을 막기 위해 도시에 성벽을 쌓았다. 그러나 실제로 성벽이 외적으로부터 도시를 지켜주는 데 큰 도움이 되었는지는 흔히 논쟁거리가 되고는 한다. 외적을 막는데 있어서 성벽보다는 강한 국력과 국민의 정신력이 더 중요하다는 것이 동서고금의 역사에서 입증된 사실이기 때문이다. 그러나 콘스탄티노플에 있는 테오도시우스 성벽이 천년 비잔틴 제국을 지키는 데 일등공신이었고 그래서 인류역사상 최고의 성벽이라는 명성을 얻은 것도 사실이다.

테오도시우스 성벽은 구시가지의 외곽과 마르마라 해변에 부분적으로 남아 있다. 우리는 마르마라 해변의 성벽을 보기 위해서 구시가지에서 골목길을 걸어서 해변에 도달했지만 그곳의 성벽은 황폐화되어서 일부 잔해만 볼 수 있었다. '꿩 대신 닭'이라는 말처럼 황폐화된 성벽보다는 마르마라 해변 구경을 실컷 하고 돌아왔다. 다음날 내륙의 성벽을 보기 위해 구시가지의 도심에서 제법 떨어져 있는 외곽 지역으로 버스를 타고 이동해야만 했다. 그곳에서 해변보다는 덜 무너진 성곽을 보기는 했지만 그 옛날의 명성에 부합하는 모습을 발견할 수는 없었다. 일부 복원된 성루는 가짜이기 때문에 가급적 허물어진 진짜를 찾아서 사진에 담았다.

5 테오도시우스 성벽(Theodosian Walls)

1453년 5월 29일 새벽, 콘스탄티노플의 성벽 한쪽에 오
스만 제국의 초승달 깃발이 펄럭였다. 1000년 이상 이
도시를 지켜 온 성벽이 끝내 무너지고 만 것이다.[66]

콘스탄티누스 대제는 천도 후에 새 수도 콘스탄티노플
의 서쪽 육지면에 도시의 방어를 위해 성벽을 쌓았다. 그러
나 북방 야만족의 침략이 점점 거세지면서 5세기 초에는 더
욱 크고 견고한 성벽이 필요해졌다. 특히 410년에 게르만계
야만족인 고트족이 로마를 약탈했다는 이야기를 전해 들었
던 콘스탄티노플 사람들은 기겁을 했고 이로 인해 방위체계
를 강화해야 한다는 여론이 들끓었다. 그래서 테오도시우스
2세(재위 408-450)는 413년에 콘스탄티누스 대제가 쌓은 성벽
에서 서쪽으로 (내륙 방향으로) 약 1.5km 떨어진 위치에다가
옛 성벽과는 비교가 되지 않을 정도로 크고 견고한 성벽을
완성하였다. 남쪽의 마르마라 해안에서 시작해서 북쪽의 골
든 혼만 해안까지 이어진 약 6km 구간이다. 이로서 성벽 안
의 도시 면적이 크게 증가한 효과도 있었다.
　　흉포하기로 유명한 야만족인 훈족이 호시탐탐 콘스탄
티노플을 정복하려고 노리고 있었던 447년에 콘스탄티노플
에 지진이 발생하여 성벽이 무너져 내렸다. 이는 콘스탄티노

212

플 시민들에게는 청천벽력 같은 사건이었고 훈족이 금방이라도 처들어올까봐 공포에 떨었다. 테오도시우스 2세는 성벽을 복구하기 위해서 전력을 기울였고, 주민 16,000명이 동원되어 불과 2개월 만에 전보다 더 강화된 테오도시우스 성벽을 다시 완공하였다. 아틸라가 이끄는 훈족은 콘스탄티노플의 성벽이 지진으로 무너졌다는 말을 듣고는 공격을 하려고 다가왔다가 새로 완성된 이 난공불락의 방벽을 보고는 공격을 포기하고 돌아갔다고 한다. [67]

지진으로 파괴된 이후 다시 건설된 이 성벽은 3중으로 이루어진 방어 시설이었다. 맨 앞에는 물이 차있는 폭 18m의 해자가 있었고, 다음에는 높이가 8m 폭이 2m인 외성이 설치되었으며 마지막으로는 높이가 12m 폭이 5m에 이르는 내성이 버티고 있었다. 그리고 내성의 중간중간에는 18m 높이의 탑을 96개 건설했는데 이들 각각은 독립적인 요새의 역할을 하였다. 적군이 내성을 넘어 오려면 96개의 탑을 하나씩

◆
허물어진 테오도시우스 성벽

탈취해야만 했으니 난공불락이라는 말이 적합할 것이다. 오늘날 성벽과 성루는 대부분 많이 허물어진 채로 남아 있고 해자가 있던 곳은 푸른 잔디로 덮여 있다.

동서고금을 통해서 최고의 방벽으로 알려진 테오도시우스 성벽은 지진이 잘 발생하는 지역에서 무너지지 않기 위해서 특별한 자재를 사용하여 건설되었다. 그것은 바로 유연성을 갖고 있는 석회 콘크리트를 벽돌로 쌓은 두 겹의 벽 사이에 넣어서 성벽의 탄력성을 높였다.

방어 시설은 육지 쪽에서 약 6km 그리고 바다 쪽으로는 골든 혼만과 마르마라해에 걸쳐서 약 14km가 건설되었다. 결국은 총 약 20km의 성벽이 도시를 에워싸고 있었던 것이다. 물론 바다 쪽 성벽은 육지 쪽의 성벽만큼 견고하게 만들어지지는 않았다. 강력한 비잔틴의 해군이 지키고 있는 바다 쪽에서는 공격받지 않을 것이라고 생각했기 때문이다. 바다 쪽 성벽은 오늘날 대부분이 폐허가 되었다.

"성벽이 외적을 막는 데 그렇게 큰 효과가 있었을까요?"

"물론 흔히 제기되는 질문이야. 위력이 센 대포가 나오기 전에는 성벽이 방어에 효과적이었다는 것은 사실인 듯해. 그래서 동서양을 막론하고 고대와 중세에는 도시에 성벽을 쌓는 일을 중시했었잖아. 그런데 만리장성과 관련해서 청나라 강희제는 오직 성벽에만 의존해서 지

킬 수밖에 없는 나라라면 어차피 멸망한다는 흥미로운
말을 한 적이 있어.”

627년에는 페르시아 제국이 콘스탄티노플을 포위 공격
하였다. 페르시아 정규군에다가 튀르크계 아바르족까지 동
원하여 테오도시우스 성벽 앞의 들판을 파도처럼 뒤덮었지
만 끝내 성벽을 넘지 못하고는 포위 공격을 포기하고 철군하
였다.

그 후에도 수도 콘스탄티노플은 외적의 공격을 받고 여
러 번 위기에 처했다. 대표적인 사건이 717-718년에 있었던
이슬람 제국의 콘스탄티노플 포위 공격이었다. 당시 칼리프
술라이만이 12만 명의 병력과 1,800척의 함선으로 콘스탄티
노플을 수륙 양면에서 포위하고 공격하였다. 그는 콘스탄티
노플의 항복을 기대하였지만, 찬란한 영화를 누린 이 도시는
그리 만만하지 않았다. 당시 콘스탄티노플의 곡식 창고에는
3년을 버틸 수 있는 양곡이 저장되어 있었고, 성벽 수비에는
제국의 전역에서 징발되어 온 정예 병사가 투입되었다. 게다
가 음흉한 인물로 알려졌던 당시 비잔틴 황제 레오 3세는 의
외로 훌륭한 지휘 능력을 보여주었다. 그뿐이랴 이 전쟁에
서 오늘날의 화염방사기처럼 불을 뿜어대는 비잔틴의 병기
‘그리스 불’이 이슬람 함대를 불태우면서 가공할 화력을 뿜냈
다.[68] 육상에서는 ‘그리스의 불’을 커다란 그릇에 담아 놓았
다가 망루에서 내리 붓거나, 돌이나 쇠로 만든 빨갛고 뜨거
운 공에 넣어 발사하면 적군을 격퇴하는 데 효과적이었다.

이 병기가 이슬람 제국의 공격으로부터 콘스탄티노플
을 지켜내는 데 결정적인 역할을 했다는 것은 널리 알려진
이야기이다.[69] 어쨌든 717-718년에 발생했던 무슬림의 공격
에 콘스탄티노플은 함락되지 않았고 무슬림 군대는 굶주림,
질병 및 추위 등에 시달리다가 만신창이가 되어 돌아갔다.
이로 인해 테오도시우스 성벽이 난공불락이라는 명성이 널
리 퍼졌다.

그러나 훨씬 훗날에 비잔틴 제국에 일격을 가한 사건
이 1204년에 발생했는데, 바로 그 유명한 제4차 십자군의 콘
스탄티노플 정복이었다. 중동 지역으로 가기 위해 베네치아
에 집결해 있던 서유럽의 십자군이 군자금 부족으로 출항하
지 못하고 있을 때 콘스탄티노플에서 탈출한 비잔틴 제국의
왕자가 베네치아로 와서 십자군의 귀에 솔깃한 제안을 했다.
그는 쿠데타를 당해 잃어버린 부친의 황위를 되찾아주면 십
자군에게 군자금을 주겠다고 제안한 것이었다.[70] 이 말에 솔

깃해진 4만 명의 십자군이 콘스탄티노플을 포위하고 공격을 하자 겁먹은 황제는 도시의 방위를 포기하고 많은 재물을 챙겨서 도망갔다. 마침내 그 왕자는 비잔틴 제국의 황제로 즉위하게 되었는데 진짜 문제는 이때부터 발생했다. 십자군은 그에게 약속한 돈을 빨리 내놓으라고 재촉했지만 당시에 비잔틴 제국의 국고가 텅텅 비어 있어서 돈을 조속히 줄 수가 없었다. 설상가상으로 얼마 후에 쿠데타가 터져서 새 황제는 살해되고 말았고, 제위 찬탈자는 십자군이 요구한 금액의 지불을 거절했다. 그래서 결국 십자군은 콘스탄티노플을 함락해서 약탈을 하기로 결정을 내렸다.

십자군은 콘스탄티노플의 바다 쪽 약한 성벽을 넘어 시내로 진입하여 도시를 점령하였다. 그들은 약 2천 명의 주민들을 무참히 학살했고 온갖 재물을 약탈했다. 당시 십자군이 콘스탄티노플에서 약탈한 재물의 가치는 잉글랜드 왕국 연간 세입의 약 일곱 배에 달했다고 한다. 4차 십자군에 참가했던 프랑스의 한 연대기 작가는 이렇게 기록했다.

> "천지창조 이래 어떤 도시에서도 이렇게 많은 전리품
> 을 얻을 수 없었을 것이다." [71]

십자군의 방화로 인하여 폐허가 된 도시에서 콘스탄티노플 사람들은 자신들이 겪은 재앙으로 한없는 눈물을 흘렸다. 십자군은 가는 곳마다 비잔틴 사람들을 모욕하고 위협했다. 그들은 성당에 난입하여 예수와 성인들의 그림을 탁자위에 깔고는 그 위에서 도박판과 술판을 벌였고 예배에 쓰이는 물건들을 발로 짓밟았다. 하기아 소피아 성당의 제단은 산산조각을 내어 금은 세공품과 조각을 떼어 내어 가져갔다. 문화사적으로 더욱 가슴 아픈 일은 콘스탄티노플에서 일어난 세 차례의 화재로 소실된 장서의 양은 아예 어림짐작도 못할 정도였다는 사실이다.

> "십자군의 행패가 왜 이렇게 심했나요?"

> "십자군 전쟁을 치루는 동안 십자군과 비잔틴 사람들
> 사이에서 미움이 커졌기 때문이지. 비잔틴 사람들은
> 십자군을 야만적인 광신도 집단이라고 경멸했고, 십
> 자군은 비잔틴 사람들이 교활하고 배반을 잘하는 인
> 간들이라고 증오했어."

800년에 로마 교황이 프랑크 왕국의 왕 샤를마뉴의 머리에 신성 로마 제국 황제의 관을 씌어준 이후로 서유럽 기독교 세계와 비잔틴 제국은 정치적으로 완전히 분리되었고 또한 종교적으로도 점차 가톨릭과 정교로 갈라섰다. 사실 두 사회는 혈통적, 문화적으로도 이질적이었다.

1095년에 십자군 전쟁이 시작되면서 기독교 동맹군이 된 서구인과 비잔틴인 사이에서는 언어, 의복, 관습 등 많은 부문에서 차이가 명백하게 드러났다. 비잔틴인은 서방의 무례한 십자군에게 모욕과 약탈을 당했다. 한편 비잔틴인은 서방의 기독교를 이단이라고 불렀고 성직자들은 기도와 설교로 십자군을 불경스러운 야만인이라고 하면서 그들에 대한 국민의 반감을 자극하였다. 비잔틴의 황제들은 십자군을 파멸시키기 위해서 때때로 적군인 무슬림과 공모하였다.[72] 이 모든 것이 동지였어야 할 그들 사이에서 발생한 적대감의 뿌리였다.

십자군은 비잔틴 제국 전체를 집어삼키기 위하여 라틴 제국이라는 나라를 세우고 콘스탄티노플 이외의 다른 지역들 정복에 나섰다. 이 과정에서 베네치아는 비잔틴 제국의 주요 연안과 도서 지역을 차지하여 동방무역의 주도권을 쥐게 되었다. 하지만 이로 인해 비잔틴 제국이 멸망하지는 않았고 소아시아의 니케아에 망명정부를 세워서 50여 년이 지난 1261년에 라틴 제국을 몰아내고 콘스탄티노플을 되찾았다.

그러나 이후에도 비잔틴 제국은 분열과 내전 그리고 오스만 튀르크, 세르비아, 불가리아의 침공 등으로 내우외환을

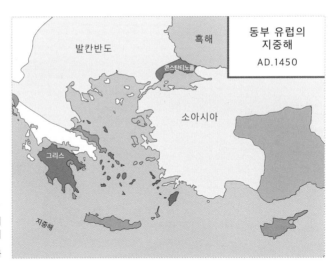

동부 유럽의
지중해
AD.1450

발칸반도

흑해

콘스탄티노플

소아시아

그리스

지중해

◆
비잔틴 제국의
마지막 시기

출처 : 위키백과

겪으면서 만신창이가 되었다. 결국 비잔틴 제국은 오스만 튀르크에게 영토의 대부분을 잃어버리고 콘스탄티노플 주위와 그리스의 미스트라에서만 명맥을 유지하는 초미니 제국으로 전락했다.

지도에서 보라색으로 된 부분이 멸망하기 직전 비잔틴 제국의 영토 그리고 노란색으로 칠해진 부분이 오스만 제국이었다. 이제 비잔틴 제국은 오스만의 영토에 포위된 도시국가 수준으로 추락한 것이었다. 오직 콘스탄티노플의 그 튼튼한 테오도시우스 성벽만이 제국을 지켜주는 마지막 수호신이었다.

마침내 절망 상태의 콘스탄티노플을 1453년 5월에 오스만의 술탄 메메드 2세가 16만 대군으로 50일 남짓 포위 공격하였다. 이전에 비잔틴 진영을 위해 일해 왔던 헝가리 출

오스만의 대포

신의 우르반이라는 대포주조자가 비잔틴을 배반하고 오스만의 술탄 메메드 2세에게 중용되었는데, 그가 3개월 만에 제작한 거대한 황동대포 1문이 콘스탄티노플 공격에 사용되었다. 길이가 8m이고 500kg이 넘는 포탄을 발사할 수 있었던 이 거대한 대포를 운반하기 위하여 줄지어 연결한 30대의 마차를 60마리의 소가 끌어야 했다. 거포와 함께 오스만 포병대가 보유하고 있는 14문의 대포가 함께 불을 뿜으면서 테오도시우스 성벽을 파괴하였다.

보스포루스 해협에 접한 오스만 술탄의 여름 별궁 주변에는 콘스탄티노플 공격에 사용되었던 14문의 대포 중에서

2문이 전시되고 있다. 하지만 그 유명한 거포의 흔적을 찾을
수가 없어서 아쉬웠다.

"거포의 성능이 대단했나요?"

"거포는 돌로 만들어진 거대한 포탄을 발사했는데 하
루에 7번밖에 발사할 수 없었고 목표를 정확히 맞추
지는 못했지만 위력은 대단했다고 해. 게다가 성곽을
방어하는 비잔틴의 병사들에게 엄청난 공포심을 줘서
그들의 사기를 꺾어버리는 효과가 있었어."

"그럼 비잔틴 군대는 어떤 무기를 사용했나요?"

"비잔틴의 병사들은 납탄을 발사하는 소형 총기와 활
을 사용해서 오스만의 대포와 대결을 벌였어. 게다가
16만 명의 오스만 대군에 맞서는 비잔틴 군대의 병력
은 8,000명에 불과했어. 사실 승부는 뻔했지."

그 사이 비잔틴 황제는 밤낮으로 기도하며 지상과 하늘
의 도움을 구하고 있었다. 평민이고 귀족이고 할 것 없이 스
스로를 지키려는 의지가 결여된 채 오직 자신들이 믿는 신에
게 기적적인 구원을 애원하였다. 공방전이 53일째 되던 날이
었던 1453년 5월 29일 오스만의 대군이 육지와 바다에서 동
시에 전면적인 공격을 퍼부었다. 이날 비잔틴의 마지막 황제

콘스탄티누스 11세(재위 1448-1453)는 수비군과 함께 최후까지 싸우다가 전사하였다. 안전한 곳으로 도망치자는 측근들의 조언을 물리치고 천년 비잔틴 제국과 운명을 같이 하였다.

> "비운의 비잔티움 사람들은 가축처럼 끈에 묶여 거리
> 로 끌려 나왔다." [73]

당시 대략 10만 명이었던 이 도시의 주민 중에서 살아남았던 6만 명이 넘는 사람들은 포로가 되어 노예로 팔려나가는 비참한 신세가 되었다. 그들은 훗날 오스만 술탄의 자비 덕분에 해방되어 고향으로 돌아왔다. 새로운 시대는 항상 구시대 사람들의 비탄과 눈물을 딛고 시작되어 망각의 세월 속에서 꽃피는 법이다.

일찍이 4세기에 콘스탄티누스 대제가 이 도시를 건설할 때 어떤 점성술사가 "이 도시를 건설한 황제와 이 도시의 최후를 맞을 황제의 이름이 같을 것이다."라고 예언했었다고 한다.[74] 물론 믿거나 말거나이지만, 개인의 삶처럼 국가의 흥망성쇠도 운명이라는 이야기가 아닌가. 물론 운명이라는 말은 아이러니하게도 불행을 당한 사람들에게 위안이 되기도 한다. 인간의 의지로는 어쩔 수가 없었다는 이야기가 되니까. 어쨌든 이로서 천년 역사를 가진 비잔틴 제국은 종말을 맞이하였다.

난공불락이라는 명성을 얻었던 테오도시우스 성벽도 세상의 변화를 영원히 막을 수는 없었고, 성벽에만 의존했던

쇠락한 비잔틴 제국도 멸망을 피할 수 없었다. 오늘날까지
남아 있는 성벽의 잔해는 천년 제국의 흥망성쇠와 함께 세상
만사가 무상함을 보여주고 있다.

3 | 오스만 제국

소아시아에서 튀르크 유목민의 수장이었던 오스만 (1258-1326)이라는 사람이 뛰어난 능력과 행운을 기반으로 훗날 그의 자손들이 통치할 오스만 제국의 뿌리를 내렸다.

중앙아시아 출신이었던 그의 부족은 소아시아로 이주하여 셀주크 튀르크의 휘하에서 살아가다가 이 시대에 들어서 예속에서 벗어났을 뿐만 아니라 도약의 기회를 잡았다. 소아시아를 지배했던 셀주크 튀르크가 몽골족의 침략으로 붕괴되어 이 지역이 정치적 무중력 상태에 놓였기 때문이다.

정치적 성공에는 시대적 상황이 결
정적인 역할을 한다. 그래서 '시대
가 영웅을 만든다'는 말이 나온 것
이 아닐까. 오스만은 부족장으로서
27년의 치세 동안 군사적인 성공을
거듭하였다. 그는 정복한 도시와 성
들을 요새화했으며, 유목 생활을 그
만두고 새로 얻은 도시들에서 안락

◆
오스만
출처 : 위키백과

한 생활을 하게 되었다. 훗날 자신의 자손들이 얼마나 큰 제
국을 세울지 그는 상상도 할 수 없었을 것이다. 그러나 그가
남긴 유훈이 훗날 거대한 제국의 정신적 기반이 되었으니 무
덤 속에서 춤이라도 췄을 듯하다. 어쨌든 이제 오스만 튀르
크라는 태양이 지중해 동편에서 떠오르고 있었다.

　　이슬람교를 받아들인 오스만 튀르크는 자신들의 정복
전쟁을 지하드(성전)라고 하면서, 소아시아에 있는 다른 튀르
크 부족들을 통합하고 비잔틴 제국과 싸워서 소아시아의 북
서 지역을 차지하였다. 이어서 다시 발칸반도로 진출하여 슬
라브족 국가들을 정복하면서 점차 제국으로 성장하였다. 그
러나 중앙아시아에서 발흥한 티무르 제국이 오스만 제국의
동쪽 경계선을 압박하면서 두 나라의 관계는 급속히 악화되
었다. 게다가 오만불손한 두 나라의 무슬림 군주 티무르와
바예지드는 상호 비방과 모욕을 자행하다가 끓어오르는 분
노를 참지 못하고 마침내 1402년에 앙카라에서 일전을 겨루
었다. 여기서 오스만 제국이 대패하였고 술탄 바예지드는 티

무르의 포로가 되었다. 바예지드는 짐승처럼 철제우리에 갇혀서 지내다가 9개월 만에 사망하였다.[1]

그러나 티무르는 기독교 세계와의 성전에서 오스만 제국을 이용하기 위하여 오스만 제국을 멸망시키지 않고 소아시아에서 철수했다. 그 덕분에 패전으로 절체절명의 상태에 빠졌던 오스만 제국은 세월이 흘러가면서 위기를 극복하고 부활하였다.

> "굵은 나무줄기는 꺾여 땅에 쓰러졌지만, 폭풍우가 지나가자마자 새로운 활력을 되찾은 오스만에는 전보다 더욱 싱싱한 초목이 돋아났다."[2]

◆
메메드 2세의
콘스탄티노플 입성
출처 : 위키백과

혼란과 분열의 시대를 끝내고 더욱 강성해진 오스만 제국은 마침내 술탄 메메드 2세(재위 1451-1481)가 1453년에 콘스탄티노플을 정복한 후에는 진정한 대제국이 되었다.

그러나 알렉산더 대왕을 동경하고 지배욕이 특별히 강했던 그는 여기서 정복을 멈추지 않았고 아테네, 세르비아, 보스니아 그리고 연이어 그리스의 대부분을 손에 넣었다. 그의 손자인 술탄 셀림 1세(재위 1512-1520)는 시리아, 이집트 및 아라비아반도를 정복하여 성

지 메카와 메디나의 보호자가 되면
서 이슬람 세계의 최고 통치자가 되
었다.[3] 이후 오스만 제국의 술탄은
정치적 지도자이면서 동시에 마호
메트의 후계자, 즉 칼리프로서 이슬
람교의 수호자가 되었다. 그래서 술
탄의 즉위식에서는 술탄의 혁대와
함께 칼리프의 검을 차고 있었다.[4]

◆
술레이만 대제
출처 : 위키백과

    오스만 제국을 전성기로 끌어올린 사람은 술탄 술레이
만 1세(재위 1520-1566)로서 흔히 대제라고 불린다. 술레이만
대제는 아버지인 술탄 셀림 1세의 뒤를 이어 26세의 젊은 나
이에 술탄에 즉위하여 45년이라는 긴 세월 동안 통치하면서
정복 사업을 이어 나갔다. 그의 통치 시절에 오스만 제국은
헝가리 전체 면적의 2/3가량을 속국으로 만들었고 도나우강
이남의 발칸반도를 대부분 병합하였다. 그 시대에 오스만
제국은 인구가 3천만 명이 넘고* 그 영토를 한 번 횡단하는
데 3개월이 걸릴 만큼 큰 영토를 가진 대제국이 되었다.

    한편 본시 시인이기도 했던 술레이만 대제는 5개 국어
에 능통했을 만큼 지적인 소양을 갖추었으며, 이를 토대로
문화적, 사회적 측면에서 제국의 전성기를 열었다. 그는 제
국 전체에서 통용될 많은 법률을 제정하기도 하였다.

---

* 당대 서유럽의 인구는 이탈리아 1,100만 명, 영국 300만 명, 독일 1,000만 명,
프랑스 1,600만 명으로 추정 , 참고 : 시오노 나나미,『로마멸망 이후의 지중
해 세계』하, 한길사.

THE OTTOMAN EMPIRE IN 1683
Ottoman Beylik, 1300
Acquisitions, 1300 - 1359
Acquisitions, 1359 - 1451
Acquisitions, 1451 - 1481 (Mehmed II)
Acquisitions, 1512 - 1520 (Selim I)
Acquisitions, 1520 - 1566 (Suleiman the Magnificent)
Acquisitions, 1566 - 1683

◆
오스만의 영토
1600년 경

출처 : 위키백과

"술탄 술레이만은 '입법자'라는 존칭으로 불릴 때가 많
았다. 그 자신도 이 존칭을 무척 좋아한 모양이다. 자
기야말로 무법 시대를 끝내고 법치 시대를 세우는 군
주라고 믿고 있었을 것이다."[5]

하지만 그는 북아프리카의 이슬람 해적 두목 바르바로
사를 오스만 제국의 해군 총사령관으로 임명할 만큼 '무법자'
이기도 했다.

뛰어난 정치가들에게서 흔히 발견되는 자기모순성은
임기응변과 기회주의에서 유래한다. 경계를 쉽게 넘는 유연

성은 정치 천재의 소양이기도 하다.
중국의 조조나 모택동도 그런 유형
의 사람이었다. 술레이만처럼 조조
나 모택동도 다면성을 가졌던 사람
으로 뛰어난 시인이고 독서인이면
서 여색을 밝히고 전쟁과 권력투쟁
에서 천재적인 재능을 보였다. 이런
사람들은 흔히 영웅이라고 불린다.

◆
바르바로사
출처 : 위키백과

세상 사람들은 영웅의 소양을 찾으려 하지만 영웅의 진정한
자질은 끝없는 욕망과 열정 그리고 과대망상이라는 점을 흔
히 간과하는 것 같다.

콘스탄티노플이 오스만 제국에게 함락되기까지 비잔
틴 제국을 적극적으로 지원하지 않았던 서구의 기독교 국가
들은 이후 혹독한 대가를 치렀다. 오랫동안 무슬림의 공격을
막아 준 방어벽이 무너졌기에 외투 없이 한 겨울을 지내야
하는 처지가 된 것이었다. 무엇이든지 없어진 후에야 그것의
소중함을 비로소 알게 되는 것이 세상의 이치가 아니던가.
오스만 제국은 서구 기독교 세계로의 침략을 육상과 해상 양
쪽에서 추진하였다. 그것에는 종교적이면서도 영토적인 동
기가 작용하였다.

육상에서는 헝가리의 대부분이 오스만 제국에게 사실
상 정복되었고 이로 인해 오스트리아의 빈이 위험에 처했다.
빈이 무너진다면 서유럽의 대부분이 정복될 수도 있었다. 해
상에서는 이슬람 해적과 결탁한 오스만 해군이 지중해 연안

과 도서 지방 여러 곳을 정복하면서 제해권을 노리고 있었다. 이로 인해 특히 베네치아는 지중해상의 여러 통상기지를 상실하여 동방무역의 주도권을 잃었을 뿐만 아니라 심지어는 이탈리아의 본국에 사는 사람들도 오스만 해군의 침략을 걱정하며 불안하게 지냈다. 베네치아가 1204년에 4차 십자군을 이용하여 콘스탄티노플을 함락하고 비잔틴 제국을 뿌리째 흔들어 놓은 결과가 바로 이것이었으니 '자업자득'이라는 말은 바로 이런 때 쓰는 말인 듯하다.

지중해의 패권을 둘러싸고 기독교 측 동맹군과 이슬람 연합군(오스만 해군과 해적)이 으르렁거렸던 시절이었던 1565년에 몰타에서 발생했던 공방전은 서유럽 역사에 길이 남은 전설이 되었다.

◆ 몰타섬
출처 : 위키백과

북아프리카 연안을 마주 보고 지중해에 떠 있는 작은 섬 몰타에는 이슬람 전사들과 대적하고 있던 몰타기사단이 있었다. 그들은 서유럽 여러 국가의 귀족 출신으로 구성되어 있었으며 바위투성이의 건조한 작은 섬에서 열악한 환경에도 불구하고 이슬람 세력의 확장을 막는 기독교 측의 전위대 역할을 하고 있었다. 한편 이들을 눈엣가시로 본 오스만 제국의 술레이만 대제가 몰타를 침공하여 이곳에 있는 기사단을 제거하기로 하였다. 당시 몰타에는 501명의 기사들과 훈련이 되어 있지 않은 5천 명의 농민과 4천 명의 이탈리아 출신 지원병이 있었다. 이들은 약 5만 명의 오스만 정예병을 상대로 서유럽 기독교 국가들의 별 도움이 없이 자신의 생명을 주저 없이 던지는 강인한 정신으로 대항하여 오스만의 대군을 격파하고 전투를 끝내 승리로 이끌었다.

> "유럽전역의 교회에서는 이슬람을 상대로 오랜만에 거둔 승리를 축하하여 종이라는 종은 모두 울려댔다."[6]

몰타 공방전은 인간 정신의 잠재력이 얼마나 거대한지를 보여주는 전설적인 사건이 되었다. 아마도 관광지로서 몰타의 명성도 이 사건으로 덕을 보지 않았나 싶다. 물론 강철 같은 전사와 휴양객은 어울리지 않는 이미지이지만.

이슬람 진영과 기독교 진영은 지중해 패권을 앞에 두고 최종 결전을 피할 수 없게 되었다. 세상을 살다 보면 원치는 않지만 싸움을 피할 수 없을 때가 있다. 적과 동지가 상황에 의해 결정이 되듯이 싸움을 피할 수 있는지 여부도 상황에 의존한다. 그것은 개인이나 조직의 의지 문제가 아니기 때문에 운명이라고 해야 맞을 듯하다. 기번은 자신의 한 저서에서 "인간이 제아무리 불굴의 정신을 갖추고 신중하게 행동한다 하더라도 그 운명을 거스르려는 노력은 헛된 일일 뿐이다"[7]라고 했는데, 피할 수 없는 싸움도 이런 경우에 해당하는 것은 아닌지.

세르반테스
출처 : 위키백과

마침내 1571년 10월에 기독교 동맹군에 대항하는 이슬람 연합군 사이에서 운명의 한판 승부가 그리스 서부 해상에서 벌어졌다. 이른바 '레판토 해전'이라고 불리는 이 전투에서 기독교 동맹군이 대승을 거두면서 이 전투는 서구의 역사에서 길이 칭송되고 있다. 명작《돈키호테》를 쓴 스페인의 작가 세르반테스(1547-1616)도 '레판토 해전'에 기독교 동맹군의 병사로 참전하여 가슴과 왼손에 부상을 입고 평생 왼손을 못 쓰게 되었다. 그럼에도 그는 이 전투를 "과거나 현재의 사람들이 보았고 미래의 사람들도 보고 싶어할지도 모를 가장 고귀한 순간"이라고 말했다고 한다.[8]

레판토 해전에서 기독교 동맹군이 이슬람 연합군을 괴멸시킨 바람에 이후 지중해 세계에서 오스만 제국의 해상 공세는 한풀 꺾이게 되었다. 또한 서유럽 기독교 세계는 육상

레판토 해전
출처 : 위키백과

에서도 오스트리아의 빈을 방어하는 데 성공하였다. 1683년
에 오스만의 30만 대군이 두 달간 빈을 포위했지만 끝내 함
락하지 못하였고 오히려 기독교 연합군에게 격퇴되었다. 빈
전투는 오스만 제국의 역사에서 최악의 참패로 기록되었을
뿐만 아니라, 이로서 오스만 제국의 서유럽 정복 야욕은 사
실상 물거품이 되었다. 나아가서 빈에서의 패배는 오스만 제
국이 본격적으로 몰락하는 계기가 되기도 하였다.[9]

오스만 군대가 빈을 포위한 이후로 빈의 주민들에게 새
로운 유행이 된 아침 식사가 출현했다. 그것은 오스만 제국
을 상징하는 초승달 모양의 빵을 역시 오스만 제국에서 유래
된 커피와 함께 먹는 것이다. 이 빵은 훗날 프랑스로 전파되
어 오늘날의 크루아상이 되었다고 한다.[10]

17세기 후반 이후 오스만 제국은 줄곧 침체의 길에서
벗어나지 못하였다. 오스만 사회를 상징하는 것은 무지, 독
재, 부패 그리고 정치적 혼란이었다. 오스만 사회의 낙후성
은 정치와 종교의 결합 그리고 코란 이외의 다른 학문과 교

◆
1683년 빈 전투
출처 : 위키백과

육을 경시하는 등의 전근대성에서 비롯된 것으로 보인다.[11]
그래서 19세기에 오스만 제국이 얻은 별명인 '보스포루스의
병자'는 서구 사회에서 오스만 제국의 고유명사로 사용되었
다. 한때는 오스만 제국의 침략에 대한 우려로 밤잠을 이루
지 못했던 서구인들이 이토록 오만해진 것을 보면 격세지감
이 절로 느껴진다. 본시 인간에게 오만과 비굴은 상황에 따
라 달라지는 것이 아니던가.

   한편 병든 제국을 치료하기 위한 개혁이 19세기에 수행
되었다. 술탄 압둘메지드 1세(재위 1839-1861)는 1856년에 서
구 국가들의 도움으로 크림 전쟁에서 러시아에 승리한 후에
세제, 교육, 법률 등의 부문에서 서구식 제도를 도입하여 오
스만 사회를 개혁하려고 하였다. 그러나 그것만으로는 무너
지는 제국을 구할 수는 없었다. 게다가 오스만 제국은 1차
대전에 독일의 동맹국으로 출전했다가 독일의 패전과 함께
자신도 패전국으로 전락하여 영토는 분할되고 반식민지로
추락하는 치욕을 겪었다. 이후 무스타파 케말(1881-1938)이
이끈 독립국가 수립을 위한 민족적 저항운동이 성공을 거두

어서 마침내 1923년에 터키공화국
이 선포되었다.[12] 이와 함께 터키공
화국의 수도가 앙카라로 결정되었
기 때문에 이스탄불은 수도의 지위
를 잃고 말았다.

무스타파 케말
출처 : 위키백과

4 | 오스만 문명의 이스탄불

로마인의 도시에서 그리스인의 도시로, 그리고 지금은
투르크인의 도시가 된 콘스탄티노플, 도시는 여인과 비
슷해서, 주인이 바뀌어도 아무 일 없었던 양 계속 살아
가는 것일까.[1]

오스만 제국에 정복된 콘스탄티노플은 한동안 군주도
백성도 없는 상태로 황폐하게 남겨져 있었다. 정복자 메메드
2세는 황폐해진 대궁전을 바라보면서 페르시아의 시 한 수
를 읊었다.

"거미가 황궁에 거미줄을 드리웠고, 올빼미는 아프라
시압(옛 사마르칸트)의 탑에 앉아 망루의 노래만 불러대
는구나."[2]

그러나 메메드 2세는 이 도시의 훌륭한 여건을 잘 알고
있었으며 무엇보다도 이 도시를 사랑했다. 결국 그는 이 도
시의 이름을 이스탄불로 바꾸고 제국의 수도로 삼았다. 이와
함께 소아시아에서 많은 사람들이 술탄의 명을 받고 이 도시
로 이주하였다. 또한 노예로 팔렸던 비잔틴인 중에서 살아남
은 사람들은 해방되어 이 도시로 돌아왔다.
　기독교도들의 개종으로 인하여 오늘날 이스탄불 시민
중의 약 90%가 무슬림이 되기는 했지만 오스만 제국의 통치
하에서 국민들은 종교적 자유를 누렸고 종교와 상관없이 평
등한 대접을 받았다. 튀르크인은 아랍인에 비해서 종교적으
로 더 개방적이었다. 그래서 종교적인 편견이나 갈등이 사회
를 혼란하게 하거나 갈등을 부추기지는 않았다. 단지 무슬림
에게는 세금이 면제되고 이교도는 세금을 내야 한다는 차이
가 있을 뿐이었다. 기독교 신앙을 갖고 있던 비잔틴 제국의
관료들이 오스만 제국의 관료로 중용되었다. 그들의 지식과
경륜을 국가 행정에 활용하려고 한 것이었다.[3]
　중앙아시아의 유목민 출신으로 비잔틴 제국을 무너트
리고 지중해 지역에 대제국을 건설한 오스만 제국은 동시에
이슬람 문명의 대표 타자가 되었다.
　오스만 문명은 기존의 이슬람 문명에다가 비잔틴 문명

을 결합한 모습으로 출현하였다. 오스만 제국의 전성기에는 고대 로마 제국으로부터 비잔틴 제국을 거쳐서 내려오는 지식과 기술을 활용하고 발전시키려는 노력을 보이기도 하였다. 예를 들면 술레이만 대제는 비잔틴의 과학기술을 이용하여 국가의 발전을 도모하였다. 비잔틴 양식의 건물은 오스만 건축의 모범이 되었다. 비잔틴 제국의 왕실 음악은 오스만의 술탄이 즐기는 음악이 되었으며, 또한 고대 로마 제국에서 유래하여 비잔틴 사회에서 번창했던 공중목욕탕은 지금도 터키인들이 애용하는 위락시설이다.

사람들은 이곳에서 목욕만 하는 것이 아니라 대화를 나누면서 함께 어울린다. 이런 면에서 보자면 오스만 문명은 비잔틴 문명의 계승자이기도 했다. 물론 이슬람 문명이 종교생활, 가정생활, 식생활 및 복장 등과 같은 부문에서 오스만 사회에 큰 흔적을 남긴 것도 사실이다.

한편 새롭게 형성된 오스만 문명이 남긴 가장 큰 자취는 왕궁과 모스크였다. 한때 지중해 세계의 최고 강자였던 오스만 제국의 수도 이스탄불에는 황제인 술탄이 거주하는 거대한 궁전이 건축되었다. 지금까지 위용을 자랑하는 톱카프 궁전은 이곳이 한때 제국의 수도였음을 알려주는 상징물로서 황폐해진 비잔틴 제국의 대궁전을 대신하여 여행객의 눈을 호강시키는 장소이다. 톱카프 궁전의 정문은 하기아 소피아 성당의 뒷면에서 마르마라해 방향으로 바로 옆에 있다. 정문에서 좌우 양방향으로는 높은 성벽이 길게 담장을 치고 있으며 해변까지 포함하는 넓은 면적을 갖고 있다. 서유럽의

궁전들과는 확연히 다른 건축 양식과 구조를 보이고 있기에
첫눈에서부터 호기심을 유발시키는 장소이다.

보스포루스 해협에서 본
톱카프 궁전

출처 : 위키백과

톱카프 궁전의 모형

출처 : 위키백과

톱카프 궁전은 술탄 메 메드 2세가 콘스탄티노플을 정복한 후 1475-1478년에 구시가지의 첫 번째 언덕 북 쪽 끝에 보스포루스 해협과 마르마라해, 골든 혼만이 합

류하는 지점이 내려다보이는 언덕 위에 세워져 있다.

이 궁전은 1850년대까지 계속 증축과 보수를 하면서 약 380년간 오스만 제국 술탄의 거처였을 뿐만 아니라 제국 통 치의 심장부였다. 총면적은 대략 230만 평방미터로 매우 크

지만 유럽의 다른 궁전들처럼 화려하지는 않다. 한편 19세기 초까지도 술탄은 이곳에서 낭비적이고 화려한 축제를 빈번히 벌였는데, 내외국인을 합쳐서 보통 15,000명 정도가 축제에 초대되었다고 전해지고 있다. 국력이 쇠락한 와중에도 대제국임을 과시하려 했던 것일까, 아니면 어리석은 술탄의 허영심 때문이었을까. 한편 이 궁전은 1807년에 술탄의 친위대인 예니체리가 쿠데타를 일으켜서 피바다를 만든 무시무시한 장소이기도 했다.[4] 제왕의 궁전이 원래 그렇듯이 이곳도 화려함과 잔혹함이 공존했던 장소였다.

톱카프 궁전은 세 개의 문과 네 개의 넓은 중정을 가지

고 있는 네 개의 건물군집으로 이루어져 있다. 정문인 '황제의 문'을 지나면 제1중정이 나오는데, 이곳에는 옛날에 궁전을 수비하는 예니체리가 위치했기 때문에 예니체리 마당이라고도 한다.

예니체리는 술탄 무라드

◆
예니체리
출처 : 위키백과

1세(재위 1360-1389)가 최초로 기독교도 젊은이들 중에서 튼튼하고 잘생긴 사람들을 선발해서 개종시키고 최고의 군사 훈련을 거쳐서 양성했던 오스만 제국의 최고 정예군이었다. 예니체리는 한때 용맹함으로 명성을 날렸지만 훗날에는 해이한 군율, 비리와 탐욕으로 막가파 군대가 되어 국민과 술탄에게 공포의 대상이 되었다.[5]

오스만 제국 시대에 일반 백성은 제1중정 마당까지만 자유롭게 다닐 수 있었다. 여기에는 비잔틴 제국 때 지은 하기아 이레네 성당이 지금까지 남아 있다. 오늘날 이곳까지는 입장료가 없어서 모든 사람에게 개방되고 있으며, 마치 동네의 공원 같은 느낌을 주는 장소이다. 사실 우리는 입장료를 내지 않고 정문을 통과한 바람에 공짜로 궁전을 구경할지도 모른다는 기대로 잠시 기뻤었다. 하마터면 '맘 좋은 이스탄불 시정부'를 칭찬할 뻔 했지만, 두 번째 문 앞에 도착해서 우리의 기대는 여지없이 무너졌다.

◆ 경의의 문 ◆◆ 황제의 집무실

246

두 번째 문인 '경의의 문' 양쪽에는 방추형의 석탑이 세워져 있는데, 독특한 형태의 방추형 석탑 때문에 이 문은 톱카프 궁전의 아이콘이 되었다.

옛날에는 이곳부터 일반 백성의 출입이 금지되었고, 오늘날에는 입장료를 내지 않은 사람들의 출입이 금지되고 있다. '경의의 문' 안쪽에는 황제의 집무실과 황실의 주방 건물인 '부엌 궁전'이 둘러싸고 있는 제2중정이 있다.

세 번째 문인 '지복의 문'은 술탄과 술탄의 측근만이 통과할 수 있는 문으로, 뒤쪽에는 술탄이 외국의 사절을 접견하는 알현실이 있다. 또한 이 문 뒤에 있는 제3중정에는 술탄의 즉위식장이 있다.

제3중정에는 이 궁전에서 가장 유명하고 또한 세상 사람들의 호기심을 자극하는 장소로 술탄이 많은 여성들과 애정행각을 벌인 하렘 건물이 있다. 하렘은 '금지된 장소'라는 뜻인데, 폭 80m 길이 150m 크기의 하렘 건물에는 약 250개

◆ 즉위식장

◆ ◆
하렘의 전경

술탄의 연회실

의 방이 있다.

하렘의 내부에서는 술탄의 연회실이 가장 크고 화려하다. 술탄은 이곳에서 하렘의 여인들과 연회를 즐기면서 그날 밤 잠자리를 함께할 여인을 선택했다.

건물 내부에는 술탄과 여인들의 처소로 추측되는 음침한 방들이 연이어 있으며, 그들이 사용했을 것으로 보이는 목욕탕과 화장실도 눈에 띈다. 그 밖에도 황제가 하렘에 출입했던 통로였을 것으로 생각되는 통행로(golden road)가 있다. 전체적으로 보아 매음굴의 분위기가 느껴진다.

"남자들이 왕이 되고 싶은 이유 중의 하나가 하렘 같은 곳에서 많은 여자를 거느릴 수 있기 때문이 아닐까요?"

"백 여자 마다하지 않는 것이 남성의 속성이니까. 하렘 은 뭇 남성들이 동경하는 장소이기도 하겠지. 그러나

실제로 이곳은 생각처럼 낭만적인 곳은 아니었고 여
인들이 술탄의 애정을 차지하거나 자기 아들을 차기
술탄으로 만들기 위해 벌이는 음모와 범죄로 얼룩진
무시무시한 장소였어."

대부분이 술탄에게 선물로 바쳐진 노예였던 하렘의 여
자들은 최대 500명 정도에 이르렀다.[6] 하렘의 수장인 술탄의
생모는 하렘의 여인들과 술탄의 성관계를 관리하였다. 그녀
는 하렘에서 연회실을 제외하고는 가장 큰 방을 차지하고 있

으면서 하렘뿐만이
아니라 국정에서도
강력한 영향력을 행
사하였다.

술레이만 대제
시절의 하렘에서는
비잔틴 제국의 테오
도라 황후 스토리만
큼 전설적인 사건이
발생하였다. 16세기

◆
술탄 모친의 방

술레이만 대제 시대까지 술탄은 정식 결혼을 하지 않았고 따
라서 정식 부인, 즉 황후는 존재하지 않았다. 이런 제도는 비
극적인 사건에서 유래하였다. 1402년에 티무르 제국과 오스
만 제국이 앙카라 인근에서 국가의 명운을 건 한판 전투를
벌였고 여기서 오스만 제국이 패전하여 술탄 바예지드와 그
의 가족들이 티무르의 포로가 되었을 때 바예지드의 정식 부
인들이 연회에서 술 시중을 드는 치욕을 겪었다. 그래서 이
후로는 다시 이런 일이 발생하지 않도록 하기 위해 아예 술
탄의 정식 결혼제도를 폐지하였다.[7] 그래서 하렘에 있는 술
탄의 여인들은 부인이나 후궁으로 불리기는 했지만 공식적
으로는 모두 노예의 신분이었던 것이다.

술레이만 대제에게 최고로 총애를 받았던 록셀라나
(1502-1558)라는 후궁이 있었다. 그녀는 우크라이나 로하틴
에서 러시아 정교 신자의 딸로 태어났으며 슬라브계 혈통이

었다고 한다. 1520년대에 크림반도의
몽골족에게 생포되어 이스탄불에서
노예로 팔렸고 술레이만 대제 시절에
하렘에 들어가게 되었다고 전해진다.

◆
록셀라나
출처: 위키백과

　미모와 더불어 지략이 출중했
던 그녀는 술레이만의 총애를 독차지
하다시피 하더니 마침내 술레이만을
졸라서 정식 결혼을 하고 황후가 되었다. 첫 번째 목표를 달
성한 그녀의 다음 목표는 자신이 낳은 아들을 차기 술탄으
로 만드는 것이었다. 그런데 여기에는 큰 장애물이 있었다.
그것은 술레이만과 다른 부인 사이에서 태어난 장자 무스타
파가 이미 황태자로 책봉되어 있었기 때문이다. 물론 오스
만 제국에는 장자가 보위를 물려받는다는 규정은 원래 존재
하지 않았다. 단지 무스타파는 부친인 술탄의 사랑과 인정
을 받고 있었던 것이었다. 무스타파는 자질이 훌륭한 사람으
로서 백성들에게 인기가 좋았고 군대의 지지도 받고 있었다.
게다가 술레이만은 결혼 조건으로 록셀라나에게 무스타파의
황태자 지위 유지를 다짐 받았던 터였다. 그러나 교활하고
치밀하며 때를 기다릴 줄 아는 록셀라나 황후는 무스타파를
제거하기 위한 장기적이고 단계적인 계획을 추진하였다. 그
녀는 처음에는 무스타파의 궁정 내 핵심 지지자들을 서서히
제거하더니 몇 년 후에는 무스타파가 부친인 술탄에 대해 역
모를 기도하고 있다는 소문을 퍼트렸다. 술레이만은 그 소문
을 믿었고 결국 무스타파는 반역죄로 처형되었다. 자신의 눈

252

앞에서 장자를 목 졸라서 죽게 한 술레이만 역시 그로 인해 정신적으로 큰 상처를 받았고 결코 회복되지 못하였다. 이렇게 모든 일은 록셀라나 황후가 계획한 대로 진행되었다.[8] 결국 그녀의 아들 셀림이 술레이만의 뒤를 이어 1566년에 술탄 셀림 2세로 즉위하였다. 노예에서 시작하여 황후로 그리고 다시 술탄의 모친이 된 한 여인의 이야기는 하렘의 전설로 남아 있다. 그러나 그녀는 자신의 아들이 술탄이 되는 것을 보지 못하고 죽었다.

'세상을 통치하는 것은 남자지만 남자를 지배하는 것은 여자'라는 말이 있다. 이 말처럼 오스만 제국에서도 하렘의 여인들이 국정을 휘둘렀다는 이야기가 자주 들린다. 나이 어린 술탄이 즉위하면 하렘에 있는 술탄의 어머니가 섭정으로 국정을 장악했다. 또한 술탄의 총애를 받고 있는 여인들도 막후에서 영향력을 행사했다. 물론 하렘의 여인들도 교육을 받았기 때문에 그렇게 무식하지는 않았다. 그러나 술탄이 죽으면 술탄의 여인들은 신세가 달라진다. 새로운 술탄의 어머니가 되는 여인은 하렘의 수장이 되어 남아 있게 되지만 다른 여인들은 짐을 꾸려 구 궁전으로 들어가 초라한 여생을 마치게 되었다. 게다가 형제 살해 제도가 있던 시절에는 술탄이 되지 못한 왕자는 목숨을 잃었으니 자신의 아들을 술탄으로 만들고 싶은 욕망이 얼마나 강했겠는가. 목숨을 건 하렘의 음모가 발생한 것은 그럴 만한 이유가 있었기 때문이다.

"형제 살해 제도가 무엇이지요?"

"본시 보위 계승에 관한 명확한 규정이 없었던 오스만
왕가에서 왕자들 사이에서는 보위 계승을 둘러싸고
치열한 경쟁이 발생했어. 그리고 새로운 술탄으로 즉
위한 왕자는 이전의 경쟁자였던 형제들을 죽이는 것
이 제도화되어 있었지."

"아니, 형제를 왜 죽이나요?"

"새로 술탄으로 즉위한 사람이 이전의 경쟁자들을 죽
여서 후환을 없애고 왕권을 안정시키기 위해서였지."

당시 서구인들이 오스만 사회의 야만성을 조롱할 때 반
드시 언급되는 '형제 살해 제도'는 처음에는 관행으로 이어
졌다가 술탄 메메드 2세 시대에는 아예 법률적으로 확립되
었다.[9] '형제 살해'의 정점에 섰던 사람은 술탄 메메드 3세(재
위 1595-1603)였다. 그는 1595년에 술탄으로 즉위하면서 무려
19명의 형제를 죽였는데, 살해된 형제 중에서 가장 나이가
많은 사람이 겨우 16세였고 신장이 1m도 채 안 되는 어린 왕
자들도 여럿 있었다. 심지어는 사망한 전 술탄의 아이를 임
신한 후궁도 살해되었다.[10] 이런 잔혹한 제도는 인륜에 어긋
날 뿐 아니라 경우에 따라서는 왕손이 끊어져서 왕가가 문을
닫을 수 있는 위험이 존재하였다. 그래서 훗날 술탄 아흐메

트 1세(재위 1603-1617)는 형제를 죽이는 제도를 폐지하고, 술
탄의 형제들을 외지고 격리된 장소에 유폐시켰다. 그러나 유
폐되어 사회로부터 격리된 채 성장한 왕자들은 사회적으로
성숙하지 못하여 그들이 술탄으로 즉위할 경우 무능한 군주
가 되었다. 서구 사회에서는 근대화의 물결이 넘치던 시절에
후궁 놀이에 여념이 없었던 오스만 제국의 술탄이 통치하는
그 나라의 꼴은 뻔하였다. 옛말에 '하나를 보면 열을 안다'라
고 하지 않던가. 하렘은 오스만 제국의 낙후성을 상징하면서
동시에 비참한 종말을 예고하는 장소였다.

톱카프 궁전의 마지막 구역인 제4중정에는 동양풍과 이
슬람 양식이 혼재된 건물과 안달루시아의 이슬람 왕궁을 본
뜬 정원이 있다. 또한 제4중정에 있는 방 중에서 '포경의 방'

◆
포경의 방

이라는 이름이 붙은 방이 있다. 술탄 메메드 3세의 아들이
이곳에서 포경수술을 하였기에 붙여진 이름이라고 한다. 아
마도 마땅한 방 이름을 찾지 못했던 것이 아니었을까 하는
생각이 들었다.

톱카프 궁전은 많은 건물과 넓은 정원을 갖고 있기는
하지만 건축물, 정원 그리고 인테리어에서 특별한 아름다움
이나 예술성을 발견할 수 없었다. 단지 비유럽적인 건축 양

식이 특이하고 또한 건물의 내부를 장식한 타일로 된 이슬람 양식의 모자이크가 약간의 예술성을 보이고 있다. 그리고 무엇보다도 이 궁전의 매력 포인트는 바다를 즐길 수 있는 전망대이다.

　오스만 문명을 상징하는 건물을 소개할 때 반드시 언급되는 것이 바로 모스크이다. 모스크는 이슬람 문명의 상징물로서 오스만 제국의 정체성을 표현했기 때문에 새로 즉위한 술탄마다 새로운 모스크를 건축했다.

　예를 들면 술레이만 대제는 46년간의 치세 동안 350개 이상의 건축물을 세웠는데 그중에서 135개가 모스크였다.[11] 모스크는 예배의 장소일 뿐만 아니라 병원, 학교, 도서관, 목욕탕 등의 부속시설을 갖추고 있는 문화적 복합체였다. 오늘날에도 이스탄불의 구시가지에는 거대한 모스크가 여러 개 남아 있다. 그중에서도 하기아 소피아 성당과 마주 보고 있으면서 예술적 가치를 인정받고 있는 술탄 아흐메트 모스크가 여행객들이 즐겨 찾는 대표적인 장소이다.

2 술탄 아흐메트 모스크(Sultan Ahmet Camii)

술탄 아흐메트 1세(재위 1603-1617)는 하기아 소피아 성당과 마주 보는 장소에 모스크를 세웠다. 마치 비잔틴 제국의 유스티니아누스 대제가 건축한 하기아 소피아 성당의 위엄을 누르기 위해서 세운 것처럼 보여서 제왕들 사이의 시대를 초월한 경쟁심이 느껴지기도 한다. '형제 살해' 제도를 폐지한 술탄 아흐메트 1세는 예술에 대한 애착이 강했던 사람으로 많은 건축 사업을 벌였는데, 이 사원은 1609년에 착공하여 7년 만인 1616년에 완공되었다.

술탄 아흐메트 모스크는 가운데 커다란 돔 곁에 여러 개의 작은 돔을 얹은 형태로 구성되어 안정감을 주고 있다. 또한 수많은 기둥이 받치고 있는 각각의 아치 위에 작은 돔이 둥글게 솟았다. 지상으로부터 4번에 거쳐서 단계적으로 올라가면서 돔 숫자는 점점 적어지고, 마지막 4번째 단계에는 거대한 중앙 돔이 세워져 있다. 직경 23.5m의 거대한 중앙 돔은 작은 네 개의 돔이 받치고 있다. 돔의 하단에는 수많은 창을 내어 채광이 이루어졌는데, 마치 하기아 소피아 성당 중앙 돔의 하단에 있는 창과 유사한 형태이다.

첨탑이 6개나 있으며 세계에서 가장 아름다운 모스크라는 평가를 받고 있는 이 건물은 벽면 안쪽이 온통 뒤덮은 푸

술탄 아흐메트
모스크의 전경

른빛을 띠는 타일 때문에 '블루 모스크'라는 애칭으로 널리
알려져 있다. 그러나 우리가 보기에 타일의 색은 블루가 아
니라 그린에 가까웠다. 그러니까 '그린 모스크'라고 해야 정
확한 표현이 될 것이다.

스테인드글라스로 처리된 총 260개의 창문에서 쏟아지
듯 들어오는 빛은 실내에 있는 예술품의 신비감을 더해주고
있다. 크기로만 보면 이 모스크는 마주 보고 있는 하기아 소
피아 성당보다 훨씬 못하지만 아름다움으로는 그것을 능가

◆ 모스크의 내부

한다는 평가를 받고 있기도 하다.[12]

　그러나 건축 기술 측면에서 볼 때 블루 모스크는 하기아 소피아 성당에 뒤떨어진다는 평가를 받고 있다. 그것은 이 건물이 하기아 소피아 성당과 달리 내부에 여러 개의 거대한 원주가 지붕의 무게를 지탱하고 있고, 거대한 원주들이 내부 공간 면적의 많은 부분을 차지하고 있어서 공간적으로 비효율적일 뿐만 아니라 혼란한 느낌을 주고 있다는 것이다.[13]

블루 모스크는 하기아 소피아 성당보다 1000년 이상 훗날에 건축되었지만 우리가 직접 관찰한 바로는 기술적이든 예술적이든 모든 면에서 하기아 소피아 성당에 필적하지는 못했다. 건축주의 부질없는 경쟁심만이 느껴졌을 뿐이다. 단지 이스탄불의 구시가지를 처음 구경한 여행객들에게 이 도시가 무슬림의 도시라는 인상을 주기에 충분한 규모와 아름다움을 과시하고 있다.

이스탄불의 어느 지역을 가도 반드시 보이는 모스크는 크기만 다를 뿐 대부분 닮은꼴을 하고 있다. 특히 돔의 형태가 흡사한데 그 모양을 자세히 보니 하기아 소피아 성당의 돔을 흉내 낸 것이었다. 어설픈 모방이 항상 그렇듯이 예술적 가치를 떨어트리고 보는 사람이 진부함을 느끼게 한다.

우리는 제국의 수도에서 살아갔던 평범한 사람들의 삶을 느껴보고자 재래시장을 구경하였다. 구시가지의 중심 지역에 있는 오래된 재래시장인 카팔르 차르시는 이스탄불에서 가장 큰 시장이다. 한국의 재래시장이 연상되는 이곳은 시끌벅적한 생기가 넘치는 곳으로 여행객들의 발길이 끊이지 않는 장소이다.

카팔르 차르시라는 말은 '위가 덮인 시장'이라는 의미
이다. 원래는 비잔틴 제국 시대에 지어진 건물을 오스만 제
국의 술탄 메메드 2세가 1461년에 확장하였다. 중국에서 출
발한 실크로드의 종착점으로서 오랜 세월 동안 동서양의 문
명이 만났던 장소이기도 하다.[14] 이곳에는 현재 약 3만 제곱
미터의 면적에 4천 개 정도의 상점이 있다고 한다. 여기서는
주로 보석, 양탄자, 가죽제품, 공예품, 의류 등이 거래되고
있는데, 이 상품들은 전통적으로 사막의 대상과 선박을 통해
이곳으로 운반되었다.

오랜 세월을 겪으면서 화재와 지진으로 스무 번 이상
완전히 파괴되었지만 그때마다 복구되어 지금의 모습이 되
었다.[15] 이 건물은 재래시장으로서는 보기 드문 인상적인 정
문과 천장을 갖고 있어서 관광 명소가 되었다. 서울의 남대
문 시장처럼 인파로 인하여 정신을 차리기 힘든 장소이다.

양탄자 상점 앞을 지나면서 우리 방에 깔고 싶은 생각
에 잠시 들여다보았다. 평소에 쇼핑에 관심이 없던 우리가
시장의 낭만적인 분위기에 휘말렸던 듯했다. 그러나 가격을
물어보고는 가슴이 철렁하여 그냥 나오고 말았다. 가격까지
맘에 들어야 낭만이 유지될 수 있는 것이 시장경제의 법칙이
아니던가.

◆
시장전경

　이곳에서 판매되고 있는 공예품, 의류, 가죽제품 등은
색상과 디자인이 요란하기만 할 뿐 고상함이나 고급스러움
과는 거리가 멀었다. 그래서 수많은 관광객들이 이 시장을
방문하고는 하지만 실제로 얼마나 팔릴지는 의문이 들었다.

　이스탄불의 구시가지에서 골든 혼만 건너편에 있는 갈
라타 지역은 아름다운 경치와 유적으로 인하여 이스탄불을
찾는 여행객들에게 인기 있는 곳이다. 우리는 구시가지에서
출발하여 골든 혼을 건너기 위해 갈라타 다리 위를 걸으면서
많은 사람들이 다리 난간에서 낚시하는 재미있는 광경과 마
주쳤다. 오래 서 있으면 다리가 아프기는 하겠지만 배를 타
지 않고 쉽게 물고기를 잡는 것이어서 우리도 해보고 싶은
충동이 일어났다. 하지만 다리 위에서 바라보는 경치가 너무
좋아서 물고기에만 집중할 수는 없을 것 같았다.

19세기의 이스탄불을 묘사한 글에는 이런 구절이 나
온다.

　　골든 혼은 언제나 선박들의 돛으로 활기가 넘치고 있었
　　다.[16]

　　흥미롭게도 골든 혼의 양쪽 해변은 대조적이다. 이슬람
의 이스탄불과 유럽의 이스탄불이 마주 보고 있다고나 할까.

> 갈라타 지구는 이 도시의 주인이 투르크인으로 바뀐 뒤
> 로는 외국인 거류지라고 불러도 좋은 구역으로 변해 있
> 었다. 그리스인, 유대인, 아르메니아인, 카프카스인, 특
> 히 서유럽인은 한 사람의 예외도 없이 모두 이 지구에
> 살고 있다.[17]

갈라타 지역은 비잔틴 제국 시절부터 외국인들이 거주하던 지역이었다. 사연인즉 이렇다. 1204년에 4차 십자군이 콘스탄티노플을 함락하고 세운 라틴 제국에서 베네치아인과 제노바인은 동방무역을 차지하기 위해 싸웠다. 그리고 그 와중에 제노바인은 니케아에 수도를 둔 (망명) 비잔틴 제국과 비밀리에 동맹을 맺었다. 마침내 1261년 7월 비잔틴 제국의 군대가 콘스탄티노플에 침입했을 때 제노바인은 봉기하여 라틴 제국을 몰아내고 비잔틴 제국이 수도를 탈환하는 데 기여하였다.[18] 그때 세운 공으로 인하여 제노바 사람들은 비잔틴 황제로부터 갈라타 지역을 하사받았다.

말하자면 갈라타 지역에서 제노바 사람들은 자신들의 법률에 따라 살 수 있는 자치권을 부여 받은 것이었다. 이에 대한 답례로 이 지역의 제노바 사람들은 비잔틴 황제에게 충성을 맹세하였고 본국인 제노바는 비잔틴 제국과 군사동맹

을 맺었다. 그러나 세월이 흐르면서 흑해 무역으로 부를 축적한 제노바 사람들은 간이 배 밖으로 나와서 공공연히 비잔틴 사람들과 황제를 비방하였다. 나아가서 그들은 갈라타 지역을 강한 성벽으로 둘러싸고 해자에 바닷물을 끌어들였을 뿐만 아니라 높은 망루를 세우고 성벽에 공격용 포대를 설치하면서 힘을 과시하였다. 특히 갈라타 타워는 1348-1453년에 제노바 사람들이 세운 성곽과 성탑 중에서 가장 높은 곳에 있는 것으로 높이는 67m이다.

　오늘날 구시가지에서 갈라타 지역을 보면 제일 먼저 눈
에 띄는 것이 갈라타 타워인데, 이 건축물의 식당에서 골든
혼만과 구시가지의 전경을 즐길 수가 있어서 갈라타 지역의
관광 명소가 되었다.

　갈라타 타워를 세우던 시절에 제노바 사람들은 흑해 무
역권을 독점하더니 나아가서 보스포루스 해협의 관세 징수
권과 어업권 그리고 통행료 징수권까지 차지했고 심지어는
비잔틴의 선박들을 공격하기까지 하였다. 결국 비잔틴 제국

은 제노바와의 일전을 피할 수 없었다. 1349년에 벌어진 해전에서 제노바가 승리한 후에 일시적인 휴전 조약이 맺어졌지만, 1352년에 양국은 다시 해상에서 전면전을 벌였고 제노바가 우세한 가운데 비잔틴 황제 칸타쿠제누스의 요청으로 조약이 체결되었다. 이때 제노바 사람들에게 무역독점권과 갈라타 지역의 지배권이 주어졌다.[19]

우리가 신바람 나게 갈라타 타워로 향하던 중에 우리 옆을 지나가는 구두닦이가 구둣솔을 떨구는 것을 보고 이를 알려주었다. 그러자 그가 고마움의 표시로 신발을 닦아 주겠다며, 발을 올리라고 하였다. 이때 어디선가 또 한 명의 구두닦이가 나타나더니 우리 둘의 신발을 각각 닦아주려는 것이 아닌가? 우리는 고마움의 표시로 생각했지만 여행객의 넉넉함으로 일정 가격을 지불하려고 하였다. 그러자 그들은 말도 안 되는 바가지요금을 요구하는 것이 아닌가. 어이없는 순간이었지만 그들의 상술에 넘어간 우리의 잘못이지 누구를 탓하겠는가? 이때 뇌리를 스쳐가는 생각이 있어서 독자들에게 알려주고 싶었다. "이탈리아, 스페인에서는 소매치기를 조심하고 이스탄불에서는 구두닦이를 조심하자."

1453년 5월 29일 오스만 제국이 콘스탄티노플을 정복할 때 이곳에 사는 제노바 사람들은 비잔틴의 군대와 연합하여 오스만 군대와 싸웠다. 이로 인해 갈라타 지역에 살았던 제노바 사람들 중에서 많은 수가 콘스탄티노플이 오스만 제국에게 함락되었던 때에 이곳을 탈출했다. 결국 이후로 이곳에서 사는 제노바 사람들의 활동은 쇠락하게 되었다.

오스만 제국의 통치가 시작된 이후인 16세기 초반에 이 지역에는 서유럽인, 그리스인, 유대인, 아르메니아인 등이 살고 있었다. 그런데 이 지역에 있는 외국 대사관들 중에서 가장 전망 좋은 곳을 차지하고 가장 큰 규모를 자랑한 것은 베네치아 대사관이었다고 한다. 물론 그 시대에 이스탄불에 거주하는 유럽인들 중에서 베네치아인의 수가 가장 많았다. 통상으로 번영한 베네치아 사람들이 무역중심지에 많이 모인 것은 당연한 일이었다. 갈라타 지역은 고지대로 가게 되면 오른쪽으로는 골든 혼만 저편에 있는 이스탄불의 구시가지를 그리고 왼쪽으로는 보스포루스 해협을 볼 수 있기 때문에 전망이 좋아서 16세기 전반에는 별장이 계속 늘고 있었다.

갈라타 지역에서 가장 높은 지대인 '베이올루'에는 서유럽 국가들의 외교 공관은 물론이고 19세기부터는 오리엔탈 특급열차를 타고 온 여행객들의 전용 숙소였던 대형 호텔들과 은행들이 몰려있다. 이 지역은 무슬림의 이스탄불에 남아있는 기독교 지역으로 서유럽의 도시를 보는 듯하며 오늘날에는 쇼핑가로 인기가 높아서 인파로 붐비고 있다.

'베이올루'는 본래 '군주의 아들'을 의미하는 말이다. 16세기에 베네치아 통령의 아들인 알비제 그리티가 거기에 드넓은 저택을 짓고 살았기에 그런 이름이 붙은 것이다. 그러나 알비제 그리티는 서자였기 때문에 적·서자를 차별하는 베네치아에서는 '통령의 첩의 자식'이라고 불리었다. 단지 적·서자를 차별하지 않는 오스만 사회에서 그는 '군주의 자식'이 되었던 것이었다. 나나미의 소설 《주홍빛 베네치아》에는 그

◆
베이올루의 전경

의 삶이 흥미롭게 묘사되어 있다. 알비제 그리티는 서자였기에 베네치아에서 뼈에 사무치는 한을 품고 성장하였다. 심지어는 뜨겁게 사랑하는 귀족 가문의 여인과 결혼하지 못하고 그녀가 다른 남자의 품에 안기는 것을 보고만 있었던 가슴 아픈 사연을 안고 살았다. 하지만 이스탄불에서 거상으로 성공하여 화려하게 살고 있었다. 《주홍빛 베네치아》에는 베이올루에 있던 그의 거대한 저택이 이렇게 묘사되었다.

"알비제의 저택은 베네치아 대사관조차도 훨씬 미치지
못할 만큼 넓고 호화로웠다. 대문을 들어서면 길이 세
갈래로 나뉜다. 한가운데 길은 정면에 서 있는 저택
현관으로 곧장 뻗어 있다. 좌우의 두 길은 각각 마구
간과 고용인들의 거처로 통하는 모양이다."[20]

훗날 그는 서자의 한(恨)을 풀고자 오스만 제국의 앞잡이
가 되어 헝가리의 왕이 되려다가 비참한 최후를 맞이하였다.

"오스만 제국에서는 적·서자의 차별이 없었는데 기독
교 세계에서는 적·서자의 차별이 있었던 것은 무엇
때문인가요?"

"기본적으로 종교적인 율법이 다르기 때문이지. 기독교
사회에서는 일부다처가 허용되지 않기에 1명의 정식
부인 이외의 여자들은 부인으로 인정이 되지 않지만,
이슬람 사회에서는 일부다처가 허용되기 때문에 여러
여자들이 한 남자의 부인이 될 수 있고 따라서 어머니
가 다른 자식들도 동등한 자식으로 인정되는 것이었
어."

한 남자와 한 여자가 결합해서 살아가도 소란이 많은
것이 가정사이거늘 여러 여자에게서 배다른 자식들을 낳은
집안이 얼마나 골 아프고 사연이 많을지는 안 봐도 뻔하다.

홍길동전도 이런 부류의 이야기가 아닌가. 조선 시대 최고 간신으로 손꼽히는 유자광은 하도 많은 사람을 모함해서 죽였기에 흔히 '저승사자'라고 불렸는데, 그가 이런 악인이 된 것은 서자로 태어난 한(恨) 때문이었다고 알려져 있다. 이제는 사극에서나 볼 수 있는 이런 이야기를 생각하면 현대 사회가 이룬 진보는 눈부시다. 차별 없는 세상이야말로 인류 사회가 추구하는 이상이 아닌가.

갈라타 지역의 또 다른 명소로 탐심 광장을 들 수 있다. 갈라타 지역의 언덕 위에 자리 잡은 이곳에는 터키공화국의

창건을 기념하는 기념비가 서 있다. 오스만 제국의 역사에 종지부를 찍고 1923년에 터키공화국으로 새 출발을 한 이 나라의 현대사를 한 눈에 볼 수 있다.

　　갈라타 지역의 동쪽 끝에 있는 보스포루스 해변을 지나다 보면 여기가 서유럽의 어느 도시인가 하는 착각을 일으키게 하는 건물과 마주치게 된다. 이 건물은 '돌마바흐체'라고 하는데, 19세기 중반에 오스만 제국 술탄의 여름 별궁으로 지어진 건물이다.

◆
돌마바흐체

바로크 양식으로 지어진 이 건물을 보면 당시 오스만 제국 술탄의 서구화 의지가 느껴진다. 그러나 근대화가 어디 건축 양식을 바꾼다고 이루어지는 것이던가. 서구식 건축 양식이 오스만 제국의 몰락을 막을 수 없었던 것은 당연한 이치였다.

5 | 이스탄불을 떠나며

　　국가는 사라졌지만 문명은 여전히 살아있다. 이스탄불 구시가지 곳곳에 남아 있는 비잔틴 문명의 자취는 비잔틴 제국이 멸망한 이후 500년이 넘는 세월의 흐름 속에서도 사라지지 않았다. 무력으로 이곳을 차지한 낙후한 문명을 가진 사람들은 그 선행자들의 발전된 문명을 모방하고 때로는 질투하면서 새로운 문명을 창조하였다. 하기아 소피아 성당과 마주 보고 있는 블루 모스크는 이곳의 복잡한 문명사를 보여주고 있는 표상이다.

　　단지 오늘날 이곳을 찾는 여행자들은 수많은 모스크의 첨탑에서 하루에 몇 번씩이나 울려 퍼지는 코란 암송 소리 때문에 비잔틴 문명을 이슬람 문명으로 억지 포장한 느낌을 받는다. 그 소리는 마치 이렇게 들리는 듯했다.

> "여기는 무슬림의 도시이다. 여기에 와서 비잔틴의 기
> 독교는 생각도 하지 말라."

이스탄불에서 가장 크게 느낄 수 있는 기운은 여유로움
이다. 유구한 역사의 흐름 속에서 꽃피운 다양한 문명의 자
취를 피부로 느끼다보면 잠시 머물다 사라지는 인생에 집착
하지 않는 여유로움이 생겨난다. 마르마라 해변에서 만난 어
떤 늙은 어부는 작은 고기잡이배에 의존해서 살아가고 있다.
운 좋은 날에는 많이 잡기도 하고 또 어떤 날에는 거의 공치
기도 한다. 하지만 그는 늘 웃음과 여유를 잃지 않는다. 그는
이렇게 말했다.

> "나는 평생을 이스탄불에 살면서 많은 유적들을 늘 접
> 하였소. 나는 역사에 대해서는 잘 모르지만 수많은 유
> 적들을 볼 때마다 내 이전에 살았던 사람들처럼 내 인
> 생도 잠시 왔다가는 길이라는 생각을 늘 하고 있소."

이스탄불에서의 일정을 끝낸 마지막 밤에 시원섭섭한
마음으로 거리의 카페에서 술잔을 들었다. 전 세계의 여러
지역에서 온 사람들과 어울려서 한잔하자니 사해동포주의가
절로 느껴졌다. 그때 갑자기 이런 생각을 한순간에 날려버리
는 사건이 발생했다. 우리 뒤편에 있던 식당 종업원이 동양

◆ 이스탄불에서의
마지막 밤

계 사람에게 호객행위를 하던 중 그가 중국인이라는 것을 알고 급하게 돌아와서 손을 씻는 게 아닌가? 사해동포주의도 전염병 앞에서는 어쩔 수 없는 게 아닐까 하는 생각이 들면서 나도 모르게 웃음이 나왔다. 맘 좋은 후배가 옆자리에 앉았던 프랑스인 그리고 서빙을 하고 있던 종업원과 대화를 나눈 후에 커피 한 잔씩을 사주면서 한국적인 사해동포주의를 보여주었다.

이곳은 고대 로마, 그리스, 기독교 그리고 이슬람 문명이 2천 년의 역사와 함께 어우러진 문명의 박물관이기도하다. 문명의 다양성이 포용성을 창조하면서 절로 생겨나는 인류 형제애가 만나는 모든 사람을 들뜨게 한다. 어쩌면 이것이 인종, 민족, 종교의 벽을 뛰어넘은 진정한 세계화의 시발점이 아닐까.

맺는 말

유라시아 대륙의 동쪽 귀퉁이 한반도에서 태어나 세계적으로 유래를 찾기 힘든 동질적 문화 속에서 살아온 우리의 마음은 이질적인 것에는 본능적인 거부감을 갖고 있다. 그래서 나와 다른 남을 받아들이지 못하고 남과 다른 나에게 불안감과 소외감을 느낀다. 그래서 평생 남을 따라다니다가 생애를 마친다. '나도야 간다'라는 말은 거기서 유래했다. 다양성과 개성을 인정하지 않는 획일화된 문화 속에서 살아온 한국인은 똑같은 잣대를 들이대며 비교하고 우열을 가리며 살아간다. 남보다 낫다는 소리를 듣기 위해 몸부림치다 보니 삶이 고통스럽다. 때때로 삶을 바꾸고 싶기도 하지만 마음 한구석에서는 다른 삶에 대한 두려움과 거부감이 강하게 남아 있다.

우리 한국인이 다른 삶을 거부하는 것은 바로 우리의 마음이 닫쳐있기 때문이다. 마음 한번 바꿔 먹으면 세상이 달리 보이고 인생이 변하지만, 그 마음 한번 바꾸기는 참으로 어렵다. 물론 자신의 삶이 고통스럽다고 한탄하는 사람은 자신의 삶을 바꾸고 싶은 소망을 갖게 된다. 그러나 삶에는 관성이 작용하기 때문에 바꾸려는 필사의 노력이 없으면 그대로 살다가 땅속으로 들어가게 되어 있다. 특히 새로운 인생 출발은 내면의 변화가 없이는 불가능하다. 그래서 '모든 것은 내 안에 있다'라고 한다. 그러나 내면의 변화가 어디 쉬운 일이던가. 변한 듯 했다가도 어느새 다시 원상복구되어 있는 것이 우리의 마음이다. 이것을 흔히 마음의 습관이라고 한다. 마음의 습관을 깨트리기 위해서는 어떤 환경적인 충격이 필요하다.

불가(佛家)에서는 수행을 통해 마음을 바꾼다고 하지만 그것은 속세에 사는 사람들에게는 요원한 일이다. 수행을 하는 대신에 우리는 다른 문명을 체험하면서 마음의 눈을 떠서 인생의 새로운 가능성을 발견하고 싶었다. 이런 점에서 안달루시아와 이스탄불은 최적의 장소였다. 바로 이곳에서 다양한 문명이 번창하고 조화를 이룬 세상이 출현했기 때문이다. 어쩌면 한국 사회와 가장 다른 세상이기도 했다. 이곳을 다녀온 이후로 우리가 한국 사회에서 살아가면서 집착하고 고통스러울 때마다 스스로에게 이렇게 말하고는 한다.

지구상에는 우리처럼 살아가지 않는 세상도 있다.
그곳에서 사람들은 떠돌이 여행객처럼 자유롭고 가볍게 살아간다.

출처

머리말

1 이비드 리버링 루이스, 신의 용광로, 책과 함께

제1부 스페인 안달루시아

1 | 태양과 다양성의 땅

1 데이비드 리버링 루이스, 신의 용광로, 책과 함께

2 안영옥, 스페인문화의 이해, 고려대학교 출판문화원

3 데이비드 리버링 루이스, 신의 용광로, 책과 함께

4 데이비드 리버링 루이스, 신의 용광로, 책과 함께

5 Spanien unter dem Halbmond Al Andalus, Phoenix HD

6 데이비드 리버링 루이스, 신의 용광로, 책과 함께

2 | 코르도바 탐방

1 에드워드 기번, 로마제국 쇠망사 5, 민음사

2 서희석, 호세 안토니오 팔마, 유럽의 첫 번째 태양, 스페인, 을유문화사

3 데이비드 리버링 루이스, 신의 용광로, 책과 함께

4 Geschichte Spaniens - Zauber der Mauren, Phoenix HD

5 데이비드 리버링 루이스, 신의 용광로, 책과 함께

6 Spanien unter dem Halbmond Al Andalus, Phoenix HD

7   Magische Gärten. Alcazar, Arte HD

8   장 카르팡티에&프랑수아 르브룅, 지중해의 역사, 한길사

9   에드워드 기번, 로마제국 쇠망사 5, 민음사

10   데이비드 리버링 루이스, 신의 용광로, 책과 함께

11   데이비드 리버링 루이스, 신의 용광로, 책과 함께

12   전기순, 나의 안달루시아, 풀빛

13   데이비드 리버링 루이스, 신의 용광로, 책과 함께

14   Córdoba - Von der Moschee zur Kathedrale (Spanien), Extra

15   Wikipedia, Mezquita-Catedral de Córdoba

16   안영옥, 스페인문화의 이해, 고려대학교 출판문화원

17   Spanien unter dem Halbmond Al Andalus, Phoenix HD

18   데이비드 리버링 루이스, 신의 용광로, 책과 함께

19   안영옥, 스페인문화의 이해, 고려대학교 출판문화원

20   서희석, 호세 안토니오 팔마, 유럽의 첫 번째 태양, 스페인, 을유문화사

21   Spanien unter dem Halbmond Al Andalus, Phoenix HD

22   장 카르팡티에&프랑수아 르브룅, 지중해의 역사, 한길사

23   데이비드 리버링 루이스, 신의 용광로, 책과 함께

24   에드워드 기번, 로마제국 쇠망사 5, 민음사

25   서희석, 호세 안토니오 팔마, 유럽의 첫 번째 태양, 스페인, 을유문화사

26   Spanien unter dem Halbmond Al Andalus, Phoenix HD

27   에드워드 기번, 로마제국쇠망사 5, 민음사

28   에드워드 기번, 로마제국쇠망사 5, 민음사

29   조너선 스펜스, 강희제, 이산

30   임중빈, 만해 한용운, 범우사

3 | 세비야 탐방

1   위치우위, 유럽문화기행 1, 미래M&B

2   위치우위, 유럽문화기행 1, 미래M&B

3   레이몬드 카, 스페인사, 까치

4   서희석, 호세 안토니오 팔마, 유럽의 첫 번째 태양, 스페인, 을유문화사

5   서희석, 호세 안토니오 팔마, 유럽의 첫 번째 태양, 스페인, 을유문화사

6   서희석, 호세 안토니오 팔마, 유럽의 첫 번째 태양, 스페인, 을유문화사

7   전기순, 나의 안달루시아, 풀빛

8   Spanien unter dem Halbmond Al Andalus, Phoenix HD

9   Spanien unter dem Halbmond Al Andalus [Doku] [Deutsch], Phoenix
    HD

10   Wikipedia, Alcázar (Sevilla)

11   Magische Gärten. Alcazar, Arte HD

12   Wikipedia, Kathedrale von Sevilla

13   서희석, 호세 안토니오 팔마, 유럽의 첫 번째 태양, 스페인, 을유문화사

14   Wikipedia, Kathedrale von Sevilla

15   서희석, 호세 안토니오 팔마, 유럽의 첫 번째 태양, 스페인, 을유문화사

16   Wikipedia, Giralda

17   서희석, 호세 안토니오 팔마, 유럽의 첫 번째 태양, 스페인, 을유문화사

18   Wikipedia, Giralda

19   데이비드 리버링 루이스, 신의 용광로, 책과 함께

20   Spanien unter dem Halbmond Al Andalus [Doku] [Deutsch],
    Phoenix HD

21   서희석, 호세 안토니오 팔마, 유럽의 첫 번째 태양, 스페인, 을유문화사

22 위키백과, 스페인 종교재판

23 위치우위, 중국문화기행 1, 미래인

24 전기순, 나의 안달루시아, 풀빛

25 서희석, 호세 안토니오 팔마, 유럽의 첫 번째 태양, 스페인, 을유문화사

4 | 그라나다 탐방

1   Alhambra Andalusiens rote Burg, Phoenix HD

2   Spanien unter dem Halbmond Al Andalus, Phoenix HD

3   서희석, 호세 안토니오 팔마, 유럽의 첫 번째 태양, 스페인, 을유문화사

4   Spanien unter dem Halbmond Al Andalus, Phoenix HD

5   위키백과, 스페인 종교재판

6   안영옥, 스페인문화의 이해, 고려대학교 출판문화원

7   Wikipedia, Alhambra

8   Alhambra Andalusiens rote Burg, Phoenix HD

9   안영옥, 스페인문화의 이해, 고려대학교 출판문화원

10 Doku Deutsch Alhambra Andalusiens Rote Burg, Phoenix HD

11 Wikipedia, Alhambra

12 Alhambra Andalusiens rote Burg [HD, Doku], Phoenix HD

13 Granada - Zauber aus 1001 Nacht (DOKU), Phoenix HD

14 Doku Deutsch Alhambra Andalusiens Rote Burg, Phoenix HD

15 위키백과, 알람브라

16 Wikipedia, Alhambra

17 Baukunst - Die Alhambra von Granada

18 Andalusien: Kalifen, Kirchen und Jamon - Reisebericht

7   Mythos Byzanz ★ Dokumentarfilm History HD, ZDF HD

8   제국의 건설 비잔틴제국, 히스토리채널

9   이노우에 고이치, 살아남은 로마, 비잔틴제국, 다른 세상

10 미셸 카플란, 비잔틴제국 동방의 새로운 로마, 시공사

11 워렌 트레드골드, 비잔틴제국의 역사, 가람기획

12 에드워드 기번, 로마제국쇠망사 5, 민음사

13 Byzanz: Das goldene Reich am Bosporus, 3 Sat

14 Versunkenes Geheimnis Konstantinopel, Arte

15 이노우에 고이치, 살아남은 로마, 비잔틴제국, 다른 세상

16 존 로덴, 초기 그리스도와 비잔틴 미술, 한길아트

17 미셸 카플란, 비잔틴제국 동방의 새로운 로마, 시공사

18 데이비드 리버링 루이스, 신의 용광로, 책과 함께

19 Byzanz: Das goldene Reich am Bosporus, 3 Sat

20 시오노 나나미, 로마멸망 이후의 지중해세계 상편, 한길사

21 에드워드 기번, 로마제국쇠망사 5, 민음사

22 에드워드 기번, 로마제국쇠망사 6, 민음사

23 미셸 카플란, 비잔틴제국 동방의 새로운 로마, 시공사

24 Byzanz - Europas östliches Erbe

25 존 로덴, 초기 그리스도와 비잔틴 미술, 한길아트

26 존 로덴, 초기 그리스도교와 비잔틴 미술, 한길아트

27 Byzanz: Das goldene Reich am Bosporus, 3 Sat

28 미셸 카플란, 비잔틴제국 동방의 새로운 로마, 시공사

29 에드워드 기번, 로마제국쇠망사, 동서문화사

30 존 로덴, 초기 그리스도교와 비잔틴미술, 한길아트

31 Wikipedia, Hagia Sophia

32 데이비드 리버링 루이스, 신의 용광로, 책과 함께

33 존 로덴, 초기 그리스도교와 비잔틴미술, 한길아트

34 Dokumentation Geschichte : Istanbul, Hagia Sophia, ZDF Info

35 Hagia Sophia Dokumentation, deutsch, Arte

36 존 로덴, 초기 그리스도교와 비잔틴 미술, 한길아트

37 Byzanz: Das goldene Reich am Bosporus, 3 Sat

38 존 로덴, 초기 그리스도교와 비잔틴 미술, 한길아트

39 에드워드 기번, 로마제국쇠망사 5, 민음사

40 Mythos Byzanz ★ Dokumentarfilm History HD, ZDF HD

41 미셸 카플란, 비잔틴제국 동방의 새로운 로마, 시공사

42 미셸 카플란, 비잔틴제국 동방의 새로운 로마, 시공사

43 다큐멘터리 2016 : 고대사제국의 건설 10부 비잔틴제국, 히스토리채널

44 이희철, 이스탄불, 리수

45 다큐멘터리 2016 : 고대사제국의 건설 10부 비잔틴제국, 히스토리채널

46 Mythos Byzanz - Petra Gerster auf den Spuren eines Imperiums
    (DOKU), Phoenix HD

47 09부 이스탄불의 사라진 제국 2007 CATVrip XviD, 히스토리채널

48 이희철, 이스탄불, 리수

49 미셸 카플란, 비잔틴제국 동방의 새로운 로마, 시공사

50 Istanbul: Geheimnisvolle Unterwelt [DOKU/2019/HD], ZDF info

51 09부 이스탄불의 사라진 제국 2007 CATVrip XviD, 히스토리채널

52 요시무라 사쿠지, 이집트 역사기행, 서해문집

53 이희철, 이스탄불, 리수

288

54 위키백과, 전차 경기장

55 에드워드 기번, 로마제국쇠망사, 동서문화사

56 프로코피우스, 비잔틴제국 비사, 들메나무

57 데이비드 리버링 루이스, 신의 용광로, 책과 함께

58 에드워드 기번, 로마제국쇠망사 5, 민음사

59 Byzanz: Das goldene Reich am Bosporus, 3 Sat

60 에드워드 기번, 로마제국쇠망사 5, 민음사

61 미셸 카플란, 비잔틴제국 동방의 새로운 로마, 시공사

62 09부 이스탄불의 사라진 제국 2007 CATVrip XviD, 히스토리채널

63 Byzanz: Das goldene Reich am Bosporus, 3 Sat

64 에드워드 기번, 로마제국쇠망사 5, 민음사

65 위치우위, 중국문화기행 1, 미래인

66 이노우에 고이치, 살아남은 로마, 비잔틴제국, 다른 세상

67 다큐멘터리 2016 : 고대사제국의 건설 10부 비잔틴제국, 히스토리채널

68 위렌 트레드골드, 비잔틴제국의 역사, 가람기획

69 에드워드 기번, 로마제국쇠망사 5, 민음사

70 Untergang der Imperien, Das byzantinische Reich, 3 Sat

71 존 로덴, 초기 그리스도교와 비잔틴 미술, 한길아트

72 에드워드 기번, 로마제국쇠망사 6, 민음사

73 에드워드 기번, 로마제국쇠망사 6, 민음사

74 Byzanz: Das goldene Reich am Bosporus, 3 Sat

3 | 오스만 제국

1 에드워드 기번, 로마제국쇠망사 6, 민음사

2   에드워드 기번, 로마제국쇠망사 6, 민음사

3   전원숙, 오스만제국 지중해의 세 번째 패자, 살림

4   Das Osmanische Reich: Sturm über dem Bosporus, ZDF doku

5   시오노 나나미, 주홍빛 베네치아, 한길사

6   시오노 나나미, 로마멸망 이후의 지중해 세계 하, 한길사

7   에드워드 기번, 로마제국쇠망사 5, 민음사

8   전원숙, 오스만제국 지중해의 세 번째 패자, 살림지식총서

9   Der Heilige Krieg | Türken belagern Wien, ZDF

10   Osmanisches Reich Die Türken Greifen Nach Der Macht, Kokkes
     Nekler

11   Das Osmanische Reich: Sturm über dem Bosporus, ZDF doku

12   이희철, 이스탄불, 리수

4 | 오스만 문명의 이스탄불

1   시오노 나나미, 주홍빛 베네치아, 한길사

2   에드워드 기번, 로마제국쇠망사 6, 민음사

3   Das Osmanische Reich: Sturm über dem Bosporus, ZDF doku

4   Das Osmanische Reich: Sturm über dem Bosporus, ZDF doku

5   에드워드 기번, 로마제국쇠망사 6, 민음사

6   Das Osmanische Reich: Sturm über dem Bosporus, ZDF doku

7   에드워드 기번, 로마제국쇠망사 6, 민음사

8   Königliche Dynastien : Die Osmanen - ZDF Royal

9   Königliche Dynastien : Die Osmanen - ZDF Royal

10   Das Osmanische Reich: Sturm über dem Bosporus, ZDF doku

11   ZDF-History: Süleyman der Prächtige, ZDF

12 이희철, 이스탄불, 리수

13 전원숙, 오스만제국 지중해의 세 번째 패자, 살림

14 이희철, 이스탄불, 리수

15 Türkei - Knotenpunkt Eurasiens, ARTE

16 장 카르팡티에·프랑수아 르브룅, 지중해의 역사, 한길사

17 시오노 나나미, 주홍빛 베네치아, 한길사

18 에드워드 기번, 로마제국 쇠망사 6, 민음사

19 에드워드 기번, 로마제국 쇠망사 6, 민음사

20 시오노 나나미, 주홍빛 베네치아, 한길사

유럽에서 마주한 뒤섞인 문명

스페인 안달루시아 & 터키 이스탄불 탐방

초판 1쇄 발행일 2021년 1월 20일

지은이 김종천·김태균
펴낸이 박영희
편집 박은지
디자인 최소영
마케팅 김유미
인쇄·제본 AP프린팅
펴낸곳 도서출판 어문학사
    서울특별시 도봉구 해등로 357 나너울카운티 1층
    대표전화: 02-998-0094/편집부1: 02-998-2267, 편집부2: 02-998-2269
    홈페이지: www.amhbook.com
    트위터: @with_amhbook
    페이스북: www.facebook.com/amhbook
    블로그: 네이버 http://blog.naver.com/amhbook
        다음 http://blog.daum.net/amhbook
    e-mail: am@amhbook.com
    등록: 2004년 7월 26일 제2009-2호

ISBN 978-89-6184-992-0 (03920)

정가 18,000원

이 도서의 국립중앙도서관 출판예정도서목록(CIP)은 서지정보유통지원시스템 홈페이지 (http://seoji.nl.go.kr)와 국가자료종합목록 구축시스템(http://kolis-net.nl.go.kr)에서 이용 하실 수 있습니다. (CIP제어번호 : CIP2020055433)

※잘못 만들어진 책은 교환해 드립니다.